VIRUSLAND

PIERRE CASSOU-NOGUÈS

VIRUSLAND

LES ÉDITIONS DU CERF

www.editionsducerf.fr
24, rue des Tanneries
75013 Paris

ISBN : 978-2-204-14197-0

Les récalcitrants sont rassemblés dans la cour de la caserne et forcés de faire des squats (mains sur la nuque, plier les genoux, se relever, plier les genoux, se relever), tout en criant :

Je suis un ennemi de l'État
Je ne peux pas rester chez moi.

Les soldats qui les entourent sont armés de baguettes, comme celle d'un maître d'école, et frappent les condamnés qui ne mettent pas assez d'énergie dans cette gymnastique.

Je regarde la scène en vidéo. Je ne sais pas si elle a été filmée par un soldat, ou par un spectateur anonyme, ni quelle opinion en avait celui qui l'a mise en ligne. Il pouvait aussi bien vouloir montrer le châtiment réservé à ceux qui avaient enfreint la loi nouvelle, pour impressionner les délinquants en puissance, ou parce que cette restriction des libertés lui semblait scandaleuse ou simplement parce que la scène lui paraissait étrange, irréelle.

Plus tard, marchant dans la rue, je reprends pour moi-même le refrain en l'accentuant, comme un slogan dans une manifestation :

Je suis *un* enn'mi d'l'État
Je n'peux *pas* rester chez *moi.*

Ce doit être une punition que je m'inflige. Je me donne en effet l'impression d'être un traître, ou un être irresponsable et immoral, un tueur en puissance non par dessein mais par désinvolture, ou indiscipline : je ne peux pas rester chez moi, je n'y arrive pas.

J'arpente les rues désertes. Une silhouette apparaît parfois au loin, qui grandit lentement, prend un visage, nous nous croisons avec un hochement de tête, et les bruits de pas continuent derrière moi, jusqu'à ce que les rues retrouvent le silence. Je ne quitte plus le quartier, ce cercle d'un rayon kilométrique, à l'intérieur duquel je trace des Z, pour allonger mon parcours. J'en connais toutes les rues, les façades avec leurs détails pittoresques, les arbres, les recoins, et les allées qui mènent vers la mer.

Après déjeuner, j'ai pris l'habitude de sortir fumer une cigarette, appuyé sur la barrière métallique qui ferme l'accès à la plage. À la longue, je m'aperçois que mon corps prend la position qui convient et, cette barrière, sur laquelle je m'appuie comme à un comptoir de bar (tous les bars sont fermés), je la trouve presque commode. Certes, un banc se trouve à quelques mètres devant moi mais c'est déjà de l'autre côté, où commence le sable. Le soleil encore doux, le ciel parfaitement bleu, la mer, sans une vague, malgré un peu de vent, le sable qui scintille dans la lumière, évoquent des après-midi merveilleux, qui sont aussi lointains que l'eau interdite.

Je me suis déjà fait prendre deux fois. Maintenant, je risque la prison. Pas les squats, qui sont une coutume étrangère. La prison.

Virusland

La région où je me suis installé n'est pour le moment pas, ou peu, touchée par le virus. On y amène en train, ou par convoi aérien, des malades qui viennent d'ailleurs. Peu importe où exactement j'habite. Je suis à Virusland.

Virusland ne désigne pas une région du globe mais une forme de vie. Et, comme le virus qui la suscite, elle se développe par contagion. Elle touche déjà une grande partie de la planète, sans faire beaucoup de différence entre les régimes politiques qui y règnent, démocratiques ou formellement démocratiques ou tout à fait totalitaires. Cela sans doute parce qu'elle correspond elle-même à une structure politique. Elle a modifié nos gestes, nos habitudes, et reconfiguré le rapport au corps et la sphère mentale et ce que nous considérons comme normal et anormal, moral et immoral. Elle admet certes des variations locales. C'est comme si cette forme de vie mutait en passant d'une région à une autre.

Les premières semaines

La plupart d'entre nous n'ont rien vu venir. Nous entrons à Virusland, brusquement, en quelques jours. Ce n'est pas un coup de massue mais un changement d'atmosphère, comme un changement de saison ou, je ne le comprendrai que plus tard, une plongée dans la fiction.

La difficulté, à décrire Virusland, est que nous y vivons dans la fiction. La réalité quotidienne prend un tour étrange, comme si elle accomplissait d'elle-même la tâche d'un auteur fantastique. D'une certaine façon, il ne resterait qu'à raconter platement les événements pour en faire un roman mais, comme récit, ce n'est pas crédible.

Les premières semaines, je n'arrive rien à écrire sur la situation à Virusland, pas même des lettres à des amis. L'étrange est devenu banal tout en restant étrange : indescriptible, confus, insaisissable. Je garde en mémoire plusieurs scènes au hasard de mes pérégrinations kilométriques, des scènes que je ne peux pas plus oublier que décrire. Au lieu de travailler, je regarde des vidéos sur d'autres secteurs de Virusland, je lis – des livres qui n'ont rien à voir avec Virusland – et je sors me promener.

Ce doit être exactement une semaine après l'entrée à Virusland. Il fait gris, un de ces temps nuageux, immobiles. Le paysage semble retenir son souffle dans un instant d'attente. L'immense parking est presque désert : une étendue de bitume parfaitement plate, vaste comme le tarmac d'un aéroport, bordé de pins au loin. Au sud, se dressent les murs de tôles, violets, du centre commercial. La plupart des enseignes lumineuses sont éteintes.

L'entrée du supermarché est barrée par des caddies renversés entre lesquels sont tendus de ces rubans de plastique rouge et blanc qui entourent parfois les chantiers. En m'approchant, je me rends compte qu'ils forment une sorte de couloir, avec des angles et des coudes, sur une cinquantaine de mètres. Ils ont sans doute pour fonction de ralentir la progression des pilleurs.

Au moment de partir, Paul, mon fils, avait déjà ouvert la porte de la voiture, la voisine est sortie sur le pas de sa porte pour nous demander où nous allions. Je lui ai dit que nous sortions faire des courses au supermarché. Elle m'a répondu :

– *Faut pas y aller, c'est pas sûr, les supermarchés ont été pillés le week-end dernier.*

Nous sommes quand même partis.

Paul pousse notre chariot à travers ce labyrinthe : des piquets plantés dans des pneus, de vieux caddies, des caisses en bois pour les fruits et légumes. Les portes automatiques semblent hésiter avant de s'ouvrir. Puis deux gardes habillés en noir, un brassard « sécurité », orange, sur l'avant-bras nous accueillent à l'intérieur. L'un, crâne rasé, est armé d'un vaporisateur en plastique, tandis que l'autre tient à la main un rouleau de papier absorbant. Le crâne rasé nous regarde puis me dit :

– *Les enfants sont interdits.*

Il montre mon fils d'un hochement de tête. Comme je ne comprends pas, il ajoute :

– *Ce sont des porteurs sains.*

La tête me tourne. Mais brusquement je me souviens : les enfants sont interdits dans les supermarchés depuis lundi, nous sommes à Virusland.

Je demande à Paul de m'attendre dans la voiture. Le garde au vaporisateur arrose mon caddie de liquide, et l'autre me donne une feuille de papier absorbant pour que je l'essuie.

La fiction dans laquelle nous vivons pourrait *mutatis mutandis* avoir été écrite par différents auteurs : Philip K. Dick, Borges, Nabokov, Calvino… Dans une nouvelle de Borges, ou de Cortázar, le narrateur aurait découvert une chronique au fond d'une bibliothèque racontant l'histoire d'un pays jusque-là inconnu – ce pourrait être une île – dont le souverain aurait interdit aux habitants de sortir : un ennemi invisible, leur dirait-il, rôde dans la ville. Et les habitants touchés eux-mêmes par la peur se plieraient au décret du prince. Le chroniqueur décrirait la grande place silencieuse, les rues désertes, les pas des gardes résonnant dans le vide. Et ensuite ? L'ennui des habitants, les divertissements qu'ils inventent pour occuper le temps, l'effroi métaphysique dans lequel quelques-uns tombent, seuls dans leur chambre, ou leur retour en enfance à force de jeux et de distractions, la faim peut-être lorsque les provisions viennent à manquer, et la puissance de l'obsession qui les tient et leur interdit d'affronter au dehors l'ennemi invisible, dont, puisque la chronique n'est retrouvée que plusieurs siècles après, dans une bibliothèque à l'autre bout du monde, on ne saura pas en quoi il consistait ou s'il a même jamais existé.

Je ne sais pas comment finirait l'histoire. C'est une nouvelle de Borges que je n'ai pas lue et ne réussirais pas à écrire.

En guerre

Le jeudi, le gouvernement a annoncé la fermeture des écoles, et, le samedi, celle des bars et des restaurants. Le lundi soir, le Président, dans une allocution solennelle à la télévision, a déclaré le pays en guerre.

> *Nous sommes en guerre, en guerre sanitaire certes. Nous ne luttons ni contre une armée ni contre une autre nation, mais l'ennemi est là, invisible, insaisissable, et qui progresse. Et cela requiert notre mobilisation générale. Nous sommes en guerre*[1].

Il l'a répété la semaine suivante. Cette fois-ci, il ne parlait pas depuis son Palais mais dans la nuit, sur le parvis d'un hôpital. L'obscurité trouée par les projecteurs, les mouvements derrière lui, le vent qui agitait un drapeau, donnaient l'image d'un camp retranché comme la télévision en montrait lorsque le pays sans l'avoir déclarée était réellement en guerre.

> *Je vous ai dit il y a quelques jours que nous étions engagés dans une guerre, une guerre contre un ennemi invisible, ce virus*[2].

Depuis quelques années, des scientifiques affirment que certains mots se propagent sur les réseaux de communication comme des virus : touchant un nœud dans le réseau, comme un virus biologique touche un individu, et, par un mécanisme qu'il n'est justement pas nécessaire d'étudier, obligeant ce nœud à transmettre le virus linguistique à ceux avec lesquels il est lié. Ces savants utilisent donc des modèles biologiques pour étudier la diffusion de vidéos « virales » parmi les internautes. Or les mots de « guerre » et surtout « d'ennemi invisible », dans la bouche du Président, constituaient bien de tels virus, qui se sont immédiatement propagés pour donner à Virusland la cohésion qui lui manquait jusqu'alors.

Le virus de Virusland est à la fois biologique et informationnel. Réduit à un seul de ces aspects, à la seule biologie ou à la seule information, à la seule communication, le virus ne saurait expliquer la formation de Virusland.

Virusland est constitué d'une multitude d'états dont les systèmes politiques sont différents. Il y a des démocraties, des régimes qui prennent seulement l'apparence d'une démocratie, et des dictatures. La propagation des mots de guerre et d'ennemi invisible n'a tenu aucun compte de ces différences.

Quelques jours après, le chef de l'État le plus puissant de Virusland déclarait :

> *We are doing everything we can each day to confront and ultimately defeat this horrible, invisible enemy. We are at war. In a true sense, we are at war. We are fighting an invisible enemy*[3].

Il reprenait dans son style les termes de notre propre Président, et ceux-ci acquéraient dans ce contexte différent une autre connotation. Cinquante, ou soixante ans auparavant, il aurait pu parler dans les mêmes termes de la lutte contre le communisme, et des agents étrangers, espionnant des secrets d'État ou propageant seulement la doctrine, des ennemis invisibles en tout cas, qu'il s'agissait alors de démasquer. C'était le Maccarthysme.

Certains chefs d'États, ou de gouvernement, ont hésité sur le terme de guerre, parlant de « battle » au lieu de « war », ou de « Kampf » au lieu de « Krieg », mais reprenant invariablement les mots « d'ennemi invisible ».

Un autre, un ancien général dans une région éloignée de Virusland, demandait à son armée d'abattre sur-le-champ tous les « traîtres » dans ce combat.

Les mots les mieux choisis, qui vont circuler sur les réseaux de communication, sont ceux, qui, comme les figures des rêves, ou les mots d'esprit, tels que les analyse Freud, cristallisent une pluralité de sens ou produisent une multiplicité d'effets.

Un des effets du mot « guerre » est d'inscrire la pandémie dans une histoire marquée justement par des guerres. Comme le dit, dans la même allocution, le chef de cet État, le plus puissant de Virusland, en parlant du nombre de décès :

> *The numbers are really incredible. We probably have never seen anything like these kinds of numbers. Maybe during the war, during a World War I or II or something*[4].

L'homme massif, coiffé d'une mèche d'une couleur improbable, prend tantôt l'allure d'un clown tantôt celle d'un prédicateur. Il affiche, accentue, son ignorance.

La Première Guerre mondiale, la Deuxième ou une autre. Peut-être pense-t-il à *World War Z*, un film de zombies bien connu. Peu importe. La pandémie fait partie de ces crises qui ponctuent l'histoire humaine et dont, dans les états de Virusland, la guerre a été l'exemple le plus significatif. Il s'agit de préparer la population à des deuils et des privations, semblables à ceux qui, dans nos représentations collectives, marquent les guerres. C'est là sans doute le motif premier à l'utilisation du mot de guerre

Mais un autre effet de la « guerre » est de rendre possible l'apparition des « traîtres ». Il n'y a pas de « traîtres » dans une crise sanitaire. Mais il y en a, dans une guerre, qui sont du côté de l'ennemi.

Exil

Quand j'entends notre Président parler de guerre, et sans même attendre qu'il ait fini son discours, je prends sur mon téléphone des billets de train. C'est peut-être un réflexe inconscient, provoqué par le mot « guerre ». Sur le moment, je n'y réfléchis pas.

Nous partons le lendemain matin, très tôt, après une courte nuit, passée à empaqueter à la hâte des affaires pour un séjour d'une durée indéterminée. Paul et moi sommes affublés de masques de bricolage que j'ai retrouvés à la cave. G., qui s'enfuit avec nous, porte son écharpe nouée sur son visage. Nous avons des gants en plastique aux mains. Les trains sont affichés en retard. Chaque annonce suscite de grands mouvements de foules, où s'entrecroisent des voyageurs courbés en avant et tirant de grosses valises.

Enfin, nous quittons la ville.

La correspondance est annulée. Nous attendons plusieurs heures sur le parvis d'une autre gare. Les cafés tout autour sont fermés. Nous sommes une dizaine debout à côté de nos valises. La police passe de temps en temps pour contrôler les SDF qui s'installent un peu plus loin. Les policiers semblent ignorer les voyageurs. Les mesures spéciales qui caractériseront la vie à Virusland ne seront mises en place que dans quelques heures.

Le journal local parle de nous comme des « exilés du Covid ». Il y a tout un article sur ces citadins qui, à l'annonce de la guerre, ont fui les grandes villes. Combien sont-ils ? Quels sont leurs rapports avec les indigènes ? Le journaliste interroge les commerçants, ceux qui sont restés ouverts, épiciers, pharmaciens :

– *C'est comme un début de saison.*

Donc nous sommes nombreux, ou quelques-uns, parce que les volets restent fermés à la plupart des façades, à avoir choisi l'exil dans cette station balnéaire.

L'article est accompagné de la photographie d'un tag :
COVID GO HOME.

Le tag ne semble pas s'adresser au virus lui-même, qui, s'il vient de l'étranger, ne sait pas lire l'anglais.

Une amie m'envoie une vidéo qui circule sur Internet. Un biologiste y déclare parlant de nous encore : « Ils auront des morts sur la conscience. »

Je trouve une autre vidéo d'un médecin hollandais qui affirme que le virus sévit plus sévèrement et plus rapidement là où il y a concentration humaine, de sorte qu'il faut, pour ralentir l'épidémie, disperser la population hors des villes.

Cette seconde vidéo ne suffit pourtant pas à apaiser ma conscience, ni mon caractère grincheux.

Oui, parce qu'en plus je râle.

Exil

Non seulement je viens avec mes virus, et ma morgue, infecter les indigènes innocents de ce bord de mer mais je ne peux pas m'empêcher de grommeler quand la plage est interdite.

Je suis un ennemi de l'État
Je ne peux pas rester chez moi.

Un reportage

Le soir même où mon fils est refoulé du supermarché, nous regardons le journal télévisé. Nous sommes installés sur le canapé dans le salon, l'ordinateur posé sur la table basse. Nous cesserons bientôt de suivre le journal télévisé : ces épisodes quotidiens se ressemblent trop et ressemblent trop aussi à des films que l'on a toujours l'impression d'avoir déjà vus. Nous le vérifions peu à peu en regardant tous les films de contagion, de virus et de zombies. Ce soir-là, pourtant, un reportage raconte la traque des récalcitrants en bord de mer.

Le journaliste interroge le colonel X : son grade apparaît en bas de l'écran mais je n'ai pas le temps de noter son nom. Le militaire est assis au volant d'un hélicoptère et, lunettes noires sur le nez, raconte la manœuvre : le repérage des promeneurs, les avertissements et, s'ils n'ont pas le temps de fuir, l'intervention des unités terrestres. Certains essayent de se cacher dans les plis des dunes ou derrière des buissons. L'hélicoptère guide les gendarmes par radio.

Comme la veille, pour occuper le temps long de l'après-midi, nous avons regardé *San Andreas*[5], un film catastrophe sur les tremblements de terre en Californie, avec Dwayne Johnson en pilote d'hélicoptère, j'essaye d'imaginer le colosse au crâne rasé (connu pour son rôle dans les huit volets de *Fast and Furious*) pilotant son engin au raz des dunes à la poursuite des promeneurs. Mais Dwayne ne pourrait pas s'empêcher de sourire, d'un air sympathique, alors que le colonel X est très sérieux quand il explique comment, à basse altitude, il est facile de distinguer le promeneur qui prend le frais, et le véritable sportif qui accomplit l'exercice physique, quotidien, lequel, dans les premiers jours de Virusland, est seul autorisé. On les reconnaît à leur démarche. Il est évident que, si le colonel X souriait à la façon de Dwayne, tout le scénario s'écroulerait : ce serait une farce.

Alors que cela ne l'est pas. La chasse à l'homme porte bientôt ses fruits. On voit un couple, la soixantaine, qui vient d'être arrêté. Le réalisateur a oublié de flouter leur visage, et ils ont l'air, devant la caméra, extrêmement gênés. À côté d'eux, un spécialiste, sans fonction déterminée mais habillé en civil, explique :

– *On descend sur la plage, on croit que c'est inoffensif mais on touche des choses.*

Du regard, il cherche quelque chose que le couple aurait pu toucher. Dans le champ de la caméra, il n'y a que du sable.

Enfin, le journaliste accompagne la brigade maritime qui intercepte au large un nageur. Nous sommes à plusieurs centaines de mètres de la côte. Ce doit être un triathlète, un champion. Il est vêtu d'une combinaison noire. Il est hissé à bord du zodiac et immédiatement verbalisé. La caméra se tourne vers lui. Il dit :

– *Oui, je savais que je faisais quelque chose de pas très bien.*

Je voudrais lui demander quoi. Que faisait-il exactement « de pas très bien » ? Seul, dans l'eau, il ne risquait certainement ni d'attraper, ni de donner le virus. Alors ?

En tout cas, il est manifestement passé du côté de l'*ennemi* et lui-même en a la vague conscience. Il n'a pas été touché par le virus biologique mais par celui de l'information : il sait que nous sommes en guerre, en guerre contre quelque chose qui n'est pas seulement le SARS-CoV-2 mais implique une mobilisation de tous à chaque instant.

ALIENS

Dans le film, *Le Village des damnés*[6], les enfants nés à la suite d'un accident mystérieux développent des pouvoirs occultes. Ils sont très sages, ils ont de grands yeux qui regardent les adultes fixement et semblent deviner leur pensée. Ils sont hostiles. On ne sait pas bien ce qu'ils manigancent. Ils forment peut-être une nouvelle espèce qui s'apprêterait à supplanter l'espèce humaine. Ou alors ce sont des extraterrestres.

Pour supprimer les humains, il leur suffirait d'un virus dont eux-mêmes seraient les porteurs sains.

Dans une nouvelle de Ph. K. Dick, le point de vue est celui d'un enfant, convaincu que son père a été remplacé par un extraterrestre, ou un robot, une forme de vie étrangère et menaçante.

À Virusland, une rumeur court quelque temps selon laquelle les animaux domestiques porteraient le virus et seraient susceptibles de contaminer les humains. Les radios conseillent de garder ses distances, de ne pas caresser les animaux et les laisser en dehors de la maison. Cela dure quelques jours puis on n'en parle plus.

Dans la série *The Invaders*[7], à la fin des années soixante, un architecte David Vincent passe près d'une soixantaine d'épisodes à traquer des extraterrestres qui se cachent parmi nous. Ils exercent tous les métiers, barmen, juges, ingénieurs, ils sont célibataires ou ont des conjoints. Ils prétendent même parfois avoir des enfants, dont ils ont en réalité supprimé les parents pour prendre leur place. Ils ont un seul signe distinctif : ils ne peuvent pas plier le petit doigt de la main gauche.

Ces extraterrestres dans l'Amérique des années soixante représentent les communistes, ou des espions soviétiques qu'il s'agirait de démasquer. La commission présidée par le sénateur McCarthy avait voulu révéler aux Américains la présence d'agents communistes opérant en secret dans les universités, ou à Hollywood, dans les milieux politiques, des gens que, de l'extérieur, rien, ou peu de choses, ne distingueraient des autres et qui pourtant propageraient la doctrine, comme un virus. Les zombies des séries B sont sans doute issus du même fantasme. Le communisme se propage comme un virus zombie : celui qui en est atteint tente de contaminer ceux qui l'entourent.

Mais lorsque cet étranger-parmi-nous est un enfant ou un animal domestique, il faut reconnaître qu'est en cause une inquiétude plus profonde, plus radicale : celle de l'altérité de l'autre, que l'autre soit autre. Cette inquiétude de l'altérité se cristallise dans une certaine catégorie sociale, qui en devient alors le symbole, qui est parmi nous absolument autre : les communistes de l'Amérique Maccarthyste, les juifs de l'Europe des années trente, les enfants dans le village des damnés.

À Virusland, aussi, il faut se méfier de l'autre, qui peut être un porteur sain, ne pas s'être lavé les mains ou ne pas pouvoir rester chez soi.

Restez chez vous !
Rentrez chez vous !

Le mot d'ordre résonne sur la moitié de la planète que Virusland s'est annexée, décliné dans toutes les langues, diffusé chez les gens sur les radios et les télévisions et dans les rues par des haut-parleurs fixés sur la camionnette des gendarmes ou par des drones.

Les règles qui encadrent la vie à Virusland se mettent en place petit à petit. Elles varient d'un pays, ou d'une région à l'autre. Certains secteurs de Virusland sont plus autoritaires et leurs règles plus strictes.

> *Se promener [...] ne sera plus possible. Partout sur le territoire [...], seuls doivent demeurer les trajets nécessaires. Nécessaires pour faire ses courses avec de la discipline et en mettant les distances [...]. Les trajets nécessaires pour se soigner, évidemment. Les trajets nécessaires pour aller travailler quand le travail à distance n'est pas possible et les trajets nécessaires pour faire un peu d'activité physique [...]. Le gouvernement précisera les modalités de ces nouvelles règles dès ce soir, dès après mon allocution. Toute infraction à ces règles sera sanctionnée*[8].

La promenade, avec toutes ses variantes, celle « des gros bureaux bouffis traînant leurs grosses dames », et « sur les bancs verts, des clubs d'épiciers retraités », celle où « on va sous les tilleuls verts », parce que « on n'est pas sérieux quand on a dix-sept ans», et celle où l'on s'en va, les poings dans les poches crevés, pour égrener dans sa course des rimes, la promenade des familles et celle des poètes, celle du dimanche après-midi et celle du soir qui tombe, la promenade est brusquement effacée du paysage : les parcs sont fermés et, dans les rues, les gendarmes traquent les SDF comme les bobos : toute silhouette qui se déplace.

Après deux récidives, la promenade devient un délit, passible de prison.

Avec quelques exceptions sur lesquelles chacun essaye de jouer. Sept possibilités. La dérogation que l'on doit porter sur soi compte sept cases, dont il faut avoir coché au moins une.

– *Les gens profitent de l'attestation pour se demander comment gruger*, explique un gendarme dans le journal local.

S'il est interdit de se promener, il reste possible de faire de l'exercice : courir. Les rues à peu près désertes sont ponctuées de joggeurs à l'allure improbable. Les gendarmes apprennent à démasquer ces faux promeneurs, « ces sportifs d'opportunité », à leur démarche, à leurs vêtements ou à leurs chaussures.

On peut aussi sortir faire ses courses, des achats « de premières nécessité ».

– *Mais la bouteille de rosé est-elle un achat de première nécessité ?*, le même gendarme s'interroge.

Au bout de quelques jours, la règle change. Il s'agit peut-être de délivrer les gendarmes de leurs dilemmes. Ou alors les promeneurs, découvrant dans les journaux les astuces des gendarmes, adoptaient la démarche, les vêtements, les chaussures, bref le déguisement approprié. Je ne sais plus qui l'annonce, le Premier ministre peut-être, mais le droit à la promenade est rétabli. À condition de l'exercer seul.

Un dimanche après-midi, à l'atmosphère estivale malgré le mois de mars, le soleil faisant déjà scintiller les aiguilles des pins, nous sortons, Paul et moi, prendre l'air. Alors que mon fils pousse la porte du portail, la voisine d'en face qui rentre avec son chien nous lance dans un murmure et sans nous regarder :

– Attention, ils sont au coin de la rue. Ils verbalisent les groupes.

Elle a réussi à passer sans amende : le chien, bien que volumineux, ne compte pas pour une personne.

La règle est encore modifiée au début de la semaine suivante. Plusieurs personnes appartenant à un même foyer peuvent se promener ensemble. Cependant, ces promenades sont limitées : une heure par jour, à une distance maximale d'un kilomètre du domicile.

Enfin, les espaces naturels sont interdits au public. Les parcs, les forêts, la haute montagne et la plage. En une nuit, la municipalité dépose devant les allées qui conduisent à la mer, des barrières et de petits écriteaux.

Nous lisons le soir dans les journaux locaux les récits de quelques chasses à l'homme dans des banlieues cossues, la traque d'un cueilleur de champignons dans la forêt, ainsi que des interventions brutales dans des banlieues moins cossues. Le motif est le même : ces gens ne pouvaient pas rester chez eux. Nous en rions, d'un de ces rires qui visent à décharger une angoisse, libérer une tension.

Eczéma

Étrangement, je ne suis pas particulièrement inquiet par le virus. Je ne me vois pas comme une personne à risque. Mes parents, qui le seraient peut-être, prennent toutes les précautions possibles. Je ne suis pas inquiet. En fait, je n'arrive pas à croire à cette épidémie qui sévit. Pourtant, à l'heure du dîner, nous ne parlons pas d'autre chose.

Je commence aussi à avoir des allergies de peau, des boutons et des plaques d'eczéma. Selon l'endroit, c'est une sensation étendue de brûlure ou au contraire une piqûre ponctuelle comme celle d'une aiguille. Dans la journée, j'arrive à peu près à les oublier mais, la nuit, les deux sensations qui alternent sont extrêmement désagréables.

J'ai emporté dans mes affaires un arsenal de crèmes dont je m'enduis régulièrement. Quand je réussis à faire disparaître une de ces plaques rouges qui marquent les différentes parties de mon corps, une autre réapparaît ailleurs. Elles tendent à se multiplier.

Comme je dors mal, je suis de mauvaise humeur. Et, comme je suis de mauvaise humeur, je me plains. Au début, je pense réagir à la poussière de la maison, ou au pollen des pins, qui dépose sur toutes les surfaces un voile jaune. Après avoir épuisé toutes les possibilités, la lessive, les acariens, le shampoing, je finis par attribuer au virus mes tourments épidermiques. Non pas au virus biologique (à ce moment, on ne sait pas encore qu'il peut provoquer des sortes d'engelures) mais à celui de l'information. Je dois réagir à ce stress qui ne passe pourtant pas dans mon esprit. L'eczéma est une réaction immunologique de la peau qui, sentant un élément étranger, rougit et se gonfle, se fait plus épaisse, secrète toutes sortes de fluides pour se débarrasser de l'intrus. Cela ne sert à rien, quand l'intrus n'est fait que de mots et d'images.

Ce pourrait être aussi le fait de ne pas, ou peu, sortir. La promenade me démange, un virus ambulatoire.

Je suis un ennemi de l'État
Je ne peux pas rester chez moi

Le front de mer est dominé par un ancien hôtel transformé en résidence. La promenade s'étend de part et d'autre d'un vieux canon. Des tamarins fleurissent timidement tous les dix mètres exactement. Quelques bancs regardent la plage. Une jetée, sur la gauche, s'avance au-dessus de l'eau. Le vent sifflant dans les garde-fous y joue une même note à peine modulée.

C'est un samedi matin, je sors de la boulangerie dans la rue piétonnière qui remonte de la jetée jusqu'à l'église. Les boutiques de vêtements, les glaciers, les cafés sont fermés, rideau de fer baissé, ou vitrine obturée par des planches de bois. Le front de mer prend pourtant un air joyeux. Les bancs, les tamarins, l'hôtel, délivrés des bruits humains, découvrent un printemps qui n'existe que pour eux.

Je descends jusqu'à la jetée, puis j'oblique vers le canon. Je passe devant le Cap, un bar où je prenais parfois mon café le matin. Les deux gendarmes, à moto, sont cachés dans l'angle de la terrasse. Les moteurs pétaradent. Je ne pense pas à fuir, bien que j'aurais certainement pu atteindre le muret, sauter, courir dans le sable et m'échapper par la plage.

Ils ne descendent pas de moto. Ils portent l'un et l'autre un col noir, qu'ils ont remonté au-dessus de leur bouche jusque sur le nez. La visière argentée du casque cache leurs yeux et ne laisse apparaître qu'une bande de peau au niveau des pommettes. Je me demande s'ils ont peur, peur d'attraper le virus que portent les étrangers. Parce que ce sont les étrangers surtout qui arpentent le front de mer et eux aussi qui amènent le virus. Le virus vient forcément d'ailleurs.

Je montre mon attestation. J'y ai noté que je sortais faire des courses. L'homme me demande : « Et, par ici, vous croyez trouver quoi ? » Son col qui lui couvre la bouche donne à sa voix un ton sourd. Il montre de la main les tamarins, le canon. Je suis des yeux son geste, espérant moi aussi y trouver une réponse. Puis je me tourne vers lui. Il semble me regarder par les pommettes, sans yeux. Je ne sais pas quoi dire.

Il prend ma carte d'identité qu'il photographie avec son téléphone : « C'est pour la verbalisation », conclut-il.

Penser à ne pas penser

Nous passons la plus grande partie du temps à la maison. G. écrit dans son bureau. Paul fait ses devoirs à distance. Je tombe par hasard sur *L'Agenda retrouvé*, un ouvrage du philosophe idéaliste Léon Brunschvicg. Au départ, je ne vois dans ma fascination pour ce livre bizarre aucun rapport avec la situation présente.

L'Agenda retrouvé est composé de deux séries de 365 pensées. Brunschvicg écrit la première série au cours de l'année 1892. Il a vingt-deux ans. Il s'ennuie. Il achète un carnet et y note une « pensée » par jour, une sorte d'aphorisme. Il commence le 1er janvier et s'arrête le 31 décembre. Puis il passe à autre chose. Il retrouve par accident son carnet en 1939. Il l'emmène durant l'exode de 1940, alors que les Allemands approchent de Paris. Brunschvicg doit bientôt se cacher. Il se fait appeler : Léon Brun. Tout au long de l'année 1942, il reprend l'agenda et note chaque jour une pensée nouvelle en dessous de celle qu'il avait écrite cinquante auparavant.

Il ne parle jamais de la guerre. En 1942, il n'a que soixante-douze ans, mais il est malade – il mourra en 1944 – et il se considère déjà comme un « vieillard ». Le vieillard donc répond au jeune homme qu'il a été. Souvent, c'est seulement pour s'étonner de se ressembler autant. *L'Agenda* sera publié en 1948 par sa fille.

Brunschvicg prend soin de souligner que ce travail sur soi n'a rien à voir avec la philosophie au sens où il l'entend. Celle-ci ne concerne pas la subjectivité, la personne individuelle, mais la raison : la philosophie a pour tâche d'éclairer les progrès de la raison humaine, non pas le soi singulier. Brunschvicg ne dit nulle part, pourquoi, dans quel but, il reprend ainsi l'agenda. Peut-être ne le sait-il pas lui-même. Ou alors il veut simplement, en revenant sur ce soi d'il y a cinquante ans, dans ce dialogue avec lui-même, s'extraire du contexte qui l'entoure, la guerre, la maladie, la peur.

Dans la note du 24 mai, Brunschvicg évoque Kant et la curieuse consigne que celui-ci s'est donnée à propos de son serviteur. Kant a eu le même serviteur, un nommé Lampe, un ancien sergent de l'armée prussienne, pendant vingt ans. Il l'a finalement congédié à cause de sa brutalité. Pourtant, le philosophe regrette son serviteur tout en jugeant ce regret immoral. Il décide donc d'oublier Lampe :

À compter de ce jour et à l'avenir, il ne faut plus se souvenir du nom de Lampe.

Kant écrit cette phrase sur une feuille de papier et laisse celle-ci visible sur sa table de travail, pour ne pas oublier sa décision. Brunschvicg note :

> *Kant se donnait pour consigne de penser à ne pas penser à Lampe. Quoi de plus naïf et contradictoire*[9].

On peut certainement penser à ce que l'on veut mais on ne peut pas ne pas penser à ce à quoi on veut ne pas penser. On peut essayer de se détacher de son environnement, revenir sur soi-même, se refermer sur soi-même. Comme un corps allongé dans l'obscurité, mains croisées sur la poitrine, yeux fermés, concentré sur sa respiration. Il reste, dans ce retour sur soi, un extérieur entre soi et soi : de la peau entre les mains et ce qu'elles touchent, de la peau qui réagit et où errent des ennemis invisibles, et des mots entre soi et soi quand le vieillard répond au jeune homme, des mots qui en appellent d'autres, s'enchaînent comme ils l'entendent, peuvent aussi fonctionner comme des virus.

Le mot est un virus

The word is now a virus. The flu virus may once have been a healthy lung cell. It is now a parasitic organism that invades and damages the lungs. The word may once have been a healthy neural cell. It is now a parasitic organism that invades and damages the central nervous system. Modern man has lost the option of silence... Try to achieve even ten seconds of inner silence. You will encounter a resisting organism that forces you to talk. That organism is the word[10].

Si j'écris une lettre, avec de l'encre et du papier et que je l'envoie par la poste, mon correspondant reçoit mes mots avec la matière qui les porte. Si j'écris un courrier électronique, mon correspondant reçoit aussi les mots que je lui adresse, mais ceux-ci s'affichent sur son écran. Peut-être s'affichent-ils aussi dans une police de caractères et une couleur différente. Si l'on essayait de suivre les mouvements de la matière qui rendent possible l'envoi d'un courrier électronique, on n'y comprendrait rien et on passerait à côté de l'essentiel, à savoir que mon correspondant lit les mêmes mots que je lui ai écrits, le même message. C'est vrai aussi pour les images.

Il vaut donc mieux considérer que les mots et les images que nous échangeons forment un plan à part de la matière. C'est le plan de l'information. La théorie de l'information, que développent Claude Shannon et Norbert

Wiener à la fin des années quarante, analyse la circulation des messages entre des opérateurs qui peuvent être des humains ou des machines et que l'on considère seulement comme des nœuds dans un réseau, en faisant abstraction de la matière dans laquelle ces messages sont inscrits.

Or sur le plan de l'information ont aussi lieu des phénomènes de contagion. Certains messages, comme des virus biologiques, touchent un nœud, possiblement le transforment, mais l'obligent à tout cas à transmettre ces mêmes messages, ou des messages approchants, des messages déformés comme s'ils avaient muté, aux nœuds avec lesquels il est en contact. On peut considérer l'usage du terme de virus sur le plan de l'information comme une métaphore. Ou alors considérer la viralité comme un phénomène général qui touche aussi bien le plan de matière que celui de l'information, s'y incarnant tantôt dans des micro-organismes, tantôt dans des assemblages de mots et d'images

Je suis un ennemi de l'État
Je ne peux pas rester chez moi

Ma seconde verbalisation a lieu un dimanche matin, pendant que je fais mon jogging. Je me suis réveillé tôt, c'est mon eczéma, je suis de mauvaise humeur, je pars sur un bon rythme, j'atteins le boulevard parallèle à la côte, chaque allée qui en part donne un aperçu sur la mer. Il n'y a personne. Au lieu de bifurquer pour rester dans le kilomètre légal je continue tout droit.

J'entends la voiture des gendarmes loin derrière moi. J'ai brièvement tourné la tête quand j'ai entendu le bruit de moteur. Je sais donc que c'est une voiture de gendarmes. Je regarde ailleurs, les riches villas dans les jardins entretenus. N'avoir l'air de rien. Le Kangoo s'arrête néanmoins à ma hauteur.

– *Monsieur ?*

Je montre ma carte d'identité et mon attestation. Le gendarme, bonhomme avec une moustache et l'accent local, tape mon adresse sur son téléphone : 4,8 km. Je m'apprêtais justement à faire demi-tour. Je parlemente. Je ne veux pas avoir l'air du sportif d'opportunité dont j'ai entendu parler dans le journal. Parce que, en plus, j'ai l'habitude de courir.

– *C'est ce que je vois.*

Il regarde mon T-shirt : Les 20 km de La-Grande-Ville-D'où-Sont-Exilés-Les-Exilés-Du-Covid. Je m'en rends compte, c'est maladroit de ma part. Le gendarme me dit en substance : « Tout le monde doit respecter la loi, surtout les exilés. Ce n'est pas bien ce que vous faites même si je comprends qu'un kilomètre, c'est un peu court, surtout quand il n'y a personne dehors. »

Il n'a pas tort. Nous ne nous quittons pas en mauvais termes. Mais j'ai écopé d'une deuxième amende, plus chère que la première, et je risque maintenant la prison.

Unheimlichkeit

Outre les crises eczéma, je dois aussi reconnaître que les premières semaines sont traversées de moments d'angoisse. Il m'est difficile de les décrire maintenant. Je me souviens que ces vertiges me venaient brusquement en regardant le boulevard désert, sans une silhouette, ni un bruit de voiture, ou l'hélicoptère passant au-dessus de la plage lentement et à basse altitude ou un reportage à la télévision qui montrait un hôpital, encombré de malades allongés dans les couloirs comme on les verrait dans un film catastrophe.

Ce n'est pas la peur de tomber malade. Ou pas seulement. Il me faut quelques semaines pour le comprendre, c'est l'inquiétante étrangeté, telle que la décrit Freud, quand les choses familières brusquement deviennent inquiétantes.

Freud en donne plusieurs exemples. Lui-même s'étant perdu dans une ville italienne, quelque chemin qu'il prenne, où qu'il tourne, le dédale des rues le ramène au même point où se trouve une prostituée. Un de ses patients croise toute une journée le chiffre 62, numéro de porte, numéro de vestiaire, total d'une addition au café, et se convainc que lui est ainsi annoncé l'âge de sa mort. Un autre, arrivant dans un hôtel et apprenant que la chambre qu'il avait demandée est occupée par un vieux monsieur, s'exclame : « Que l'apoplexie le terrasse », et le vieillard meurt en effet quelques jours plus tard.

Rien de cela ne saurait arriver à Virusland. C'est autre chose : « L'inquiétante étrangeté survient souvent et aisément chaque fois où les limites entre imagination et réalité s'effacent, où ce que nous avions tenu pour fantastique s'offre à nous comme réel[11]. »

La remarque de Freud pointe exactement la source de l'étrangeté à Virusland. C'est que la réalité prend l'aspect de la fiction. Chaque fois, je me dis : quelque chose ne va pas, ce ne devrait pas pouvoir arriver, ou je suis fou, ou dans un cauchemar, ou c'est une illusion, il y a dans le réel une erreur, une erreur de catégorie. Ce qui se passe sous nos yeux appartient au domaine de la fiction.

Le concept d'inquiétante étrangeté, l'*Unheimlichkeit*, est fixé dans la critique par Freud d'un article de Ernst Jentsch. Celui-ci voit l'origine de l'inquiétante étrangeté dans une incertitude intellectuelle. Celle-ci a lieu en particulier quand le sujet, placé devant un être artificiel, une poupée, un automate, une machine, hésite à lui donner la vie, ou un esprit, une âme.

La théorie de Jentsch a été réhabilitée par des recherches récentes sur notre rapport aux robots et le sentiment de malaise que semblent produire des robots dont certains aspects, la silhouette, ou la peau, s'approchent de ceux de l'humain, sans que l'on puisse pourtant les confondre avec un humain : le visage est couvert d'une sorte de peau mais l'expression n'est pas tout à fait humaine.

Freud, en tout cas, écarte la théorie de Jentsch. L'inquiétante étrangeté, pour Freud, a une source plus générale et profonde. Elle « prend naissance dans la vie réelle lorsque des complexes infantiles refoulés sont ranimés par quelque impression extérieure, ou bien lorsque de primitives convictions surmontées semblent de nouveau être confirmées[12] ». L'étrangeté provient de ce que des croyances, des peurs enfantines que nous avons écartées, réapparaissent dans le réel. Et cette réapparition de quelque chose que nous avons travaillé à éliminer, dont nous n'avons plus forcément conscience mais qui reste au fond de notre esprit, provoque en nous une peur mal définie, une peur dont nous ne savons pas nommer objet.

Dans la plupart des cas, cette conviction surmontée est la croyance en la toute-puissance de la pensée, cet animisme, que, selon Freud, nous traversons dans une période de notre enfance : comme s'il suffisait de désirer pour que la chose se réalise, comme si le souhait que l'occupant de la chambre demandée périsse suffisait à le tuer, comme si le désir du promeneur pour la prostituée suffisait à tordre les rues pour le ramener devant elle. Ou, à Virusland, comme si le fait d'avoir imaginé toutes sortes de scénarios catastrophes, d'avoir joué à se faire peur, dans des films, des romans, suffisait à les matérialiser dans la réalité.

À Virusland, Jentsch aussi bien que Freud pourrait avoir raison. Si l'étrangeté est bien liée à cette impression que le réel se mêle de fiction, ce serait, dans la perspective de Jentsch, un autre exemple de cette même incertitude que rencontre l'esprit devant un robot à moitié humain :

nous ne savons plus comment cataloguer les événements, nous nous rendons compte que les catégories, « réel » ou « fiction », dans lesquelles nous avons l'habitude de les classer ne s'appliquent plus. Dans la perspective de Freud, ce serait que ce retour de la fiction dans le réel nous ramène à un animisme enfantin, que nous croyions avoir dépassé mais que nous retrouvons en face de nous, et selon lequel la pensée a une puissance secrète et troublante : la réalité n'y est pas une sphère d'indifférence mais une sorte de jeu que la pensée transforme mystérieusement.

Bref, au bout de quelques semaines, je comprends d'où vient mon angoisse vague, cette impression d'irréalité, ce sentiment d'étrangeté, qui me semblait planer sur Virusland, se surajoutant à la peur du virus : c'est la prégnance de la fiction dans le réel.

Et, comme pour me donner raison, ou comme si la réalité répondait à ma pensée, dans une de ces coïncidences dont parle Freud, le journal ce matin titre : « COVID-19 : L'ÉNIGME DES ENFANTS[13] ». Il y a quelques mois, ces mots auraient pu faire le titre d'un film, un film de Carpenter par exemple. Il y aurait eu différents volets : « COVID-20 : L'ÈRE DE LA PEUR », « COVID-21 : MORTEL EXODE », « COVID-22 : L'ENFER DES BLOUSES BLANCHES », etc.

Fiction

Je me rends compte aussi pourquoi je n'arrivais pas à décrire cette forme de vie dans laquelle nous nous sommes installés. Je m'efforçais, par habitude de philosophe, ou par amour d'une certaine littérature, de rendre étrange ce réel qui l'était déjà. Le philosophe, c'est inévitable, doit opérer une sorte de réduction sur le réel pour le sortir d'une banalité qui empêche de le voir. Pour décrire le quotidien, il faut l'avoir sorti du banal, sans quoi, par définition, la description n'en aurait aucun intérêt, ni pour le lecteur, ni pour l'auteur. Le philosophe transforme le banal en un bizarrement familier, qui en a les mêmes caractéristiques mais baigne dans une lumière étrange.

Le problème est que le réel qui nous entoure à Virusland s'est lui-même sorti de la banalité pour s'élever tout seul, sans qu'aucun philosophe n'ait besoin de l'aider, jusqu'à l'étrange. Et cette étrangeté, qui s'affiche dans les journaux, se montre à la télévision, en devient banale et, finalement, insaisissable.

Je décide donc de procéder à l'inverse et de me placer d'emblée dans la fiction (disons Virusland un pays imaginaire) pour ensuite raccrocher autant que possible cette fiction au réel. Rendre l'étrange réel plutôt que le réel étrange. Il faut essayer.

Plantons donc la scène dans une station balnéaire. Celle-ci, comme tous les bords de mer, en dehors de la période estivale, donne une impression d'abandon. La plage est déserte : elle est interdite. Le front de mer avec ses bancs vides et les terrasses des cafés fermés, continue d'attendre les baigneurs de juillet. Les rues sous les pins sont bordées de maisons dont la plupart montrent des volets clos. Les journaux télévisés y commencent aussi, comme partout, par des reportages sur des hôpitaux surchargés, des files interminables de brancards dans les couloirs, des infirmiers dans des tenues de cosmonautes en plastique blanc, et un gros plan sur un malade, bouche ouverte, dans laquelle des mains gantées enfoncent un tube bleu. Ces images ressemblent à celles d'un film, *Contagion* par exemple[14]. C'est normal. Le journaliste et le cameraman ont fait des études, au cours desquelles ils ont visionné ces mêmes films que nous connaissons aussi. Malgré eux, ils en reprennent les codes, le style, les façons de faire.

Cependant, dans cette station balnéaire, ces reportages nous sont aussi distants que les films qui les inspirent. Ils se rapportent à un ailleurs qui peut nous faire peur mais ne nous touche pas. La station balnéaire est à l'écart des villes. Le virus biologique, au moment où j'écris, ne l'a pas encore atteinte. Nous avons certainement tous des parents, des amis, des collègues, dans les grandes villes de Virusland, avec qui nous correspondons et qui ont été contaminés par le virus. Mais, sur ce bord de mer, je ne connais personne qui soit tombé malade. Ni les voisins, ni le boulanger ou le buraliste. Pas de signes visibles de l'épidémie. Sinon les masques que nous portons parfois à l'épicerie. Ce sont donc des virus de l'information qui circulent, que nous nous passons dans les mots et les images. Cette sorte d'abstraction permettra peut-être de mieux cerner, dans sa teneur propre, la forme de vie que nous avons mise en place à Virusland. Cette forme de vie garderait finalement les mêmes caractéristiques en l'absence du virus biologique.

Qu'il soit absent ne signifie pas évidemment que l'on ne puisse craindre le virus biologique ou, comme l'appelait notre Président, « l'ennemi invisible ».

L'ENNEMI *INVISIBLE*

L'expression, dans la bouche de notre Président, désigne le virus biologique. Mais elle est elle-même un virus communicationnel qui se propage sur le plan de l'information, contamine des chefs d'États, des journalistes et chacun d'entre nous qui la répétons. Le Président, qui formule pour la première fois la « guerre contre l'ennemi invisible », en est le patient zéro. Et, comme tout virus, celui-ci transforme ceux qu'il touche.

En fait, il nous donne un sens moral nouveau. Un sens, comme on parle du sens de la vue, ou de l'ouïe, qui offre un nouvel aperçu sur la réalité. Le virus a pour effet premier de faire apparaître des attributs moraux où il n'y en avait pas. Ce qui n'était ni bien, ni mal – nager au large par exemple – et n'a aucun effet sur la propagation du virus biologique, devient « quelque chose de pas très bien ». Le corps peut avoir dû mal à changer ses habitudes et le nageur à ne pas sortir en mer : il n'empêche qu'une part de son esprit, atteint par le virus communicationnel, sent confusément que ce corps qui l'entraîne vers la mer, est un traître à Virusland et un être immoral.

De même, dans les semaines précédentes, le clown à la mèche orange considérait l'épidémie biologique comme une invention, une blague *(a hoax)* orchestrée par ses adversaires politiques. Mais, dès lors qu'il a été contaminé par les mots de notre Président, il a entièrement changé de ton, et lui-même a aussitôt pointé sur l'ennemi invisible qui sévit aussi dans son pays.

L'expression de notre Président, en tant que virus informationnel, a fait du virus biologique un ennemi, ce qui ne va pas de soi. Elle ne permet pas, à nous qu'elle contamine, de reconnaître l'ennemi, puisque celui-ci est invisible. Elle ne nous permet pas non plus de reconnaître les porteurs du virus biologique qui peuvent n'avoir pas de symptômes. Cependant, elle nous permet de distinguer parmi nous ce que j'appellerai des *ennemis* en italique pour marquer que ces *ennemis* et le principe qui les anime, *l'ennemi*, se situent sur le plan de l'information, dans les mots et les images.

Les *ennemis* sont les traîtres à Virusland. Ils n'ont pas en général été touchés par le virus biologique. Ils ne sont pas malades. Leur comportement ne favorise pas forcément la dissémination du virus biologique. Ce nageur, par exemple, intercepté au large par la police ne risquait pas de transmettre le virus biologique. Il peut y avoir intersection mais il n'y a pas superposition, identité, entre les agents de l'ennemi qui diffuseraient le virus biologique et les agents de *l'ennemi.*

Qu'est-ce donc que *l'ennemi* de Virusland ?

L'ennemi n'est pas un virus, ni un virus biologique, ni un virus informationnel, puisque personne au moment où le Président lui déclare la guerre ne s'est affirmé comme *ennemi. L'ennemi* est même étrangement absent des réseaux de communication.

L'ennemi invisible

L'ennemi est invisible mais il l'est en un autre sens que le virus biologique. Ce n'est pas qu'il échappe à la perception, comme le virus biologique qui est trop petit pour les yeux humains. *L'ennemi*, dans les mots du Président, se cache derrière l'ennemi. Dans « la guerre contre l'ennemi invisible », nous entendons seulement l'ennemi auquel le Président déclare la guerre, alors que *l'ennemi* pointe pourtant aussi. *L'ennemi* est latent dans les mots du Président. Il y est présent comme la signification d'un rêve derrière sa façade explicite. *L'ennemi* a la logique de l'inconscient.

Notre Président n'avait sans doute pas conscience d'introduire *l'ennemi* dans Virusland. C'est toujours le cas avec les patients zéros. Il croyait n'avoir à faire qu'à un ennemi, au virus biologique. C'est malgré lui, dans son esprit, ou dans son entourage, là où se multiplient les mots et les images, qu'a muté un virus informationnel : l'image de la guerre contre l'ennemi invisible a transformé le virus en ennemi et introduit à Virusland *l'ennemi* qui lui donne négativement sa cohésion.

Zombies

Dans les films de zombies, on ne sait pas en général d'où vient le virus. *World War Z* suit ainsi les aventures de Gerry Lane, un agent secret joué par Brad Pitt qui, après avoir échappé lui-même aux zombies, à Philadelphie, part à la recherche du patient zéro de cette épidémie[15]. Les zombies transmettent le virus à ceux qu'ils mordent et qui deviennent à leur tour des zombies. Les zombies désirent mordre les humains sains. Ce n'est pas par méchanceté, ils n'y peuvent rien, ils ont perdu le contrôle d'eux-mêmes mais ils font tout ce qu'ils peuvent pour contaminer les autres. C'est pourquoi il y a une guerre, entre les humains qui ne sont pas atteints par le virus et ceux qui le sont, les zombies.

Notre esprit, à Virusland, est marqué par ce modèle du virus zombie, ce modèle étant sans doute lui-même fondé sur l'image du communisme comme virus, lequel semble aussi se développer par contagion, transformant celui qu'il atteint en un prédicateur enthousiaste susceptible de contaminer à son tour ses proches. Peut-être les films de zombies contribuent dans notre imaginaire à justifier l'application du mot « guerre » à la lutte contre un virus. J'ai déjà fait remarquer comment un chef d'État, à Virusland, parlait de la Première Guerre mondiale, de la Deuxième, *ou d'une autre.* Pour ma part, en l'entendant, j'ai tout de suite pensé à *World War Z.* Il n'empêche que le virus biologique ne suit pas le schéma du virus zombie. Certes, les malades sont contagieux et transmettent le virus. Mais c'est évidemment malgré eux. Ils ne cherchent pas à contaminer les autres. À la différence de ce qui se passe dans les films de zombies, les malades, dans cette guerre contre l'ennemi invisible, ne peuvent pas réellement être assimilés à des agents de l'ennemi. Ce ne sont pas non plus les agents de l'*ennemi.*

Pas plus que les malades, les *ennemis* ne peuvent être représentés sur le modèle des zombies. Tout simplement, parce que leur état ne relève pas de la contamination par un virus. Ils ne sont pas malades du virus biologique et *l'ennemi* qui les anime ne peut pas s'identifier à un virus. Personne ne se revendique de *l'ennemi.* Celui-ci semble d'abord être silencieux. Si la position des *ennemis* est bien liée à la dissémination d'un virus, ce virus ne les touche pas eux-mêmes. C'est l'image de la guerre, comme virus informationnel, qui révèle l'existence d'*ennemis* à ceux qu'elle atteint.

À la limite, le virus informationnel dont notre Président a été le patient zéro pourrait fonctionner comme un virus zombie. Une fois contaminés, nous entrons en guerre contre l'ennemi et contre *l'ennemi*, nous essayons de convaincre nos proches et nos amis numériques, les contaminons à notre tour… Cependant, dans les films de zombies, comme *World War Z*, les humains contaminés, les zombies donc, tombent dans une sorte d'anarchie. S'ils cherchent à contaminer les humains sains, c'est chacun pour soi, dans un désir aveugle, tandis que les humains sains s'organisent pour les combattre. La guerre est déclarée par les humains sains contre les humains contaminés, alors que, si l'on considère l'image dessinée par notre Président comme un virus, celui-ci procède en sens inverse et nous mobilise, nous ses porteurs, pour combattre un *ennemi*, qui ne se connaît pas lui-même. Le virus zombie isole, alors que le virus de notre Président mobilise.

Par ailleurs, dans les films, les zombies, ce sont les autres : le point de vue est celui de l'humain sain. Il faut donc abandonner le modèle du virus zombie. Celui de notre Président relève plutôt de ce que j'appellerai un hypno-virus.

L'analyse des virus qui circulent à Virusland est difficile parce qu'il y en a de toutes sortes. Comme on le verra, le mot « virus » y est lui-même un virus.

Inconsciences

Mon ami C. m'annonce au téléphone que son oncle est mort du virus. Il était âgé et se remettait d'un cancer. La tante et l'oncle ont attrapé le virus en même temps. Elle a été malade, sans plus, mais lui a rapidement été hospitalisé. Finalement, l'hôpital a rappelé la tante pour lui dire que le cas était désespéré. Comme elle avait déjà été contaminée et qu'elle était probablement immunisée, l'hôpital l'a autorisée à assister aux derniers moments de son mari mais à la condition de s'enfermer avec lui dans la chambre et de n'en pas sortir. Pas d'allées et venues. Les plateaux-repas étaient déposés devant la porte. Cela ne devait pas durer.

L'oncle était dans le coma. Il ne s'est jamais réveillé mais il a tenu une semaine. À la fin, la tante, C. me dit : « Elle en pouvait plus. » Elle a décidé de quitter cette chambre où elle vivait seule avec l'oncle inconscient. Celui-ci est mort quelques minutes après qu'elle ait annoncé à l'infirmière qu'elle partait.

Nous parlons quelques instants de cette coïncidence. Peut-être l'oncle l'a-t-il entendue à travers son sommeil. Ou alors c'est ce que Jung appellerait un cas de synchronicité. Nous n'y croyons ni l'un et l'autre.

Je lis un article dans le journal sur le réveil des malades en salle de réanimation. Ceux qui reprennent conscience avec un tuyau dans la gorge. Ils sont confus. Ils ne savent pas où ils sont. Parfois, ils ne comprennent pas ce qu'on leur dit. Ils essayent d'arracher le tuyau. Il faut les attacher. L'un d'eux, c'est une brève citation dans l'article, dit :

– J'avais l'impression d'être un cosmonaute qui retourne sur Terre, et je me retrouvais tout seul.

Ce récit me semble lointain, comme un autre monde justement, une autre planète ou une histoire de science-fiction.

Je me souviens d'avoir lu quelque part que l'esprit, ou le cerveau, humain était ainsi fait qu'il peut ignorer un danger qui le menace lorsque celui-ci ne lui est pas immédiatement présent. Je crois qu'il s'agissait d'un livre sur le changement climatique et l'auteur cherchait à comprendre pourquoi, alors que tous les indicateurs sont au rouge, nous nous en préoccupons si peu. C'est, disait-il, une sorte d'atavisme, une caractéristique acquise dans l'évolution de l'espèce. En l'occurrence, une insouciance apparente face à la menace que nos ancêtres auraient développée, du temps où, vêtus de peaux de bêtes mal cousues, ils partageaient une côte de mammouth autour d'un feu devant la grotte. Ils auraient pu trembler en réfléchissant qu'ils allaient mourir dans d'atroces souffrances. Mais il valait mieux ne pas y penser. Les humains qui ne pensent pas au danger trop à l'avance, à tout ce qui les menace, survivent mieux que d'autres qui se torturent en imaginant la fin qui les attend. Donc, par sélection naturelle, nous avons acquis la capacité d'ignorer un danger lointain.

D'habitude, je ne crois pas trop à ce genre d'explications, quand l'auteur cache sa fantaisie spéculative sous un vernis pseudoscientifique. Cependant, l'idée d'une évolution naturelle qui privilégie une forme d'inconscience devant le danger, m'a séduit. Inconscience plutôt qu'insouciance. Parce qu'une façon de ne pas penser au danger qui nous guette est de focaliser notre attention sur un autre, qui est moindre et que nous pourrions plus facilement éviter. C'est le mécanisme de la phobie.

Le changement climatique nous menace en tant qu'espèce et les crises économiques et cette transformation de notre vie dans les nouvelles technologies : nous nous concentrons sur un virus. Nous pourrions réduire encore le champ de notre attention pour nous focaliser sur les chauves-souris : prendre une peur horrible des chauves-souris qui finissent par représenter à elles seules tout ce qui nous menace.

Une autre solution, pour ne pas penser à ce qui ferait peur, est d'en charger notre corps. Ou, plus exactement, le charger, non pas de penser au danger (le corps ne pense pas au sens propre) mais d'exprimer la peur, l'inquiétude, que nous refusons de laisser pénétrer dans notre esprit.

Dans ce temps d'épidémie, je ne m'inquiète pas outre mesure mais je me gratte. Et, curieusement, ces jours-ci, justement, les plaques rouges qui circulent sur ma peau sont moins nombreuses et moins rouges. Ce qui m'inquiète. Je me demande d'où ça vient, et ce qui m'attend si elles disparaissent.

Nous

Tous les soirs, à l'heure à peu près où le soleil passe sous la ligne des pins, le quartier d'habitude si calme résonne d'un certain nombre d'applaudissements et de bruits de casseroles. Les auteurs aux fenêtres, ou sur les terrasses, sont cachés par les arbres des jardins et, souvent, ne sont pas visibles de la rue. Comme la plupart des maisons, dans cette station balnéaire à l'écart, sont encore fermées, ces applaudissements accompagnés parfois de cris semblent de loin en loin sortir de la végétation, sans qu'on puisse en pointer sur la provenance exacte.

Dans les grandes villes de Virusland, où les gens ont peur et où ils souffrent, parce que le virus emmène son lot de victimes vers des hôpitaux saturés, et que le confinement est dur dans un appartement, qu'il soit solitaire ou familial, ces applaudissements peuvent être une façon d'exprimer une communauté, une solidarité de ces voisins qui ne se voient plus dans la rue mais seulement comme des ombres dans les fenêtres en vis-à-vis. J'ai vu des images en Italie où les gens chantaient depuis leur balcon à tour de rôle ou reprenaient en chœur un refrain.

Ici, sous les pins, que le virus semble épargner, je n'arrive pas à leur donner une signification, ni à me décider à les rejoindre, ou non. Ces applaudissements isolés au milieu des arbres et qui courent aussi au-dessus de la plage, ont quelque chose de dérisoirement humain, fragile, éphémère : ce sont cinq minutes, et le paysage indifférent retrouve le calme qu'il semble n'avoir pas quitté. Les applaudissements sont pourtant assez nombreux.

Je sais bien qu'ils s'adressent d'abord aux personnels soignants. Mais, comme j'ai aussi entendu le présentateur du journal de 20 heures parler des soignants *et* des forces de l'ordre, qui font respecter le confinement, je cherche s'il existe une liste officielle des destinataires, une liste que notre Président, ou l'un de nos ministres, aurait fixée une fois pour toutes. Je n'en trouve pas. Le site internet de la mairie oublie les gendarmes mais mentionne « les caissiers, livreurs, pharmaciens, chauffeurs de taxi, éboueurs, boulangers, agents d'entretien et tous ceux qui sont exposés au quotidien dans leur travail[16] ».

Le rituel a lieu tous les soirs depuis que Virusland nous a annexés. Jusqu'à présent, je ne m'étais pas inquiété de mon indécision mais, cet après-midi, quand j'ai salué la voisine d'à côté par-dessus la haie du jardin, elle a conclu les politesses d'usage en me disant :

– *Nous, le soir, on applaudit.*

Je crois que les voisins d'en face n'applaudissent pas non plus.

Pôles et réseaux

À Virusland, il est sans doute impossible de se faire entendre sinon en lançant un virus. Disons que se distinguent deux modes de communication. Il y a des communications polarisées, qui émanent d'un pôle et rayonnent à partir de lui, lorsqu'un seul individu s'adresse à une multitude d'autres. C'est le discours de notre Président à la télévision. Nous sommes des millions à l'écouter en direct. Mais, à Virusland, cette communication polarisée tend à se brouiller dans une multitude de messages échangés entre individus. Ces messages peuvent être de toutes sortes : des applaudissements, des conversations dans la queue devant l'épicerie, des courriels, des tweets retweetés, des vidéos que l'on regarde sur une plateforme et dont on envoie le lien à ses amis. Il suffit même de « liker » une vidéo ou de la visionner jusqu'au bout pour la faire remonter dans la liste ordonnée des images que propose la plateforme, ce qui revient à la faire voir à des centaines de milliers d'autres utilisateurs. Nous recevons tant de ces messages que celui qui nous vient de notre Président ne s'entend plus s'il ne repasse lui-même dans ces réseaux de communication de pair à pair.

Or, sur ces réseaux, certains messages se perdent, se défont, se brouillent, aussitôt qu'ils sont lancés, personne ne les relance, tandis que d'autres au contraire circulent :

les internautes qu'ils atteignent les transmettent à leurs amis. C'est une forme de contagion. Ces messages peuvent s'identifier, sur le plan de l'information, à des virus.

Le clown à la mèche orange en est sans doute le spécialiste. Dans une conférence de presse, il lui arrive de lire son discours les yeux baissés, d'une voix monocorde et indistincte. Chacun comprend que ce discours est une corvée, une sorte de protocole auquel il faut bien se livrer. Mais tout à coup le clown s'arrête, fixe son auditoire, les flashs crépitent, sa voix se transforme, elle devient plus douce et il lance ces quelques phrases qui circuleront les réseaux.

Notre propre Président, s'il a d'abord donné corps à ce virus guerrier, est loin d'avoir acquis la dextérité virale de l'autre.

Une mandarine

– *Moi, quand je mange une mandarine, je me lave les mains, je l'épluche et après je me relave les mains.*

La voisine d'à côté parle au téléphone dans son jardin. À sa fille, je crois.

À la réflexion, elle a sans doute raison.

On ne sait rien, ou peu de choses de la façon dont le virus se propage. Il reste quelques jours sur les surfaces métalliques, quelques heures sur le carton, sans doute aussi sur la peau des mandarines. Il est capable de flotter dans l'air une dizaine minutes.

Des scientifiques du monde entier étudient en ce moment la diffusion des gouttelettes fines dans lesquelles se loge le virus. On instille dans les narines du patient un liquide bleuté. Puis l'homme éternue. La gerbe, superbe, est filmée au ralenti sur un fond noir. On dirait un feu d'artifice dans la nuit, à l'horizontale : de longues traînées d'abord liquides tombent lentement en courbes paraboliques, traversées par un second souffle de particules rapides. Celles-ci se propagent au-delà du champ de la caméra. Un bon éternueur peut atteindre une distance de cinq mètres.

Ailleurs, le mouvement de ces gouttelettes fines que dégage le souffle humain est modélisé dans des films d'animation : on les voit, alors qu'elles sont naturellement invisibles, errer dans l'air, représentées par des points rouges, formant d'abord un nuage devant le visage du patient contaminé, un halo, puis se dispersant au gré d'insensibles courants d'air pour entourer chacune des dix silhouettes qui se trouvent dans la pièce. Celles-ci, bien que grises, ont vaguement l'allure des bonshommes sur les feux de circulation qui indiquent aux piétons le moment de traverser. Dans les avions, le souffle contaminant aspiré par la ventilation forme une trompe dont le bout s'élargit pour peu à peu engloutir tous les passagers de l'avant.

J'essaye d'imaginer les formes étranges que dessinerait l'haleine de la voisine, alors qu'elle marche au hasard dans son jardin tout en parlant au téléphone avec sa fille.

Comme pour répondre à mon inquiétude, la voisine porte maintenant souvent un masque lorsqu'elle sort dans son jardin.

À la réflexion, je pense qu'elle a raison.

Hypnose

Les phénomènes de contagion informationnelle ne sont pas nouveaux, ni propres à Virusland. Certes, tout au long du XXe siècle, la communication polarisée est prédominante par son influence politique. La psychologie des foules, telle que l'envisage Freud par exemple, concerne ce rapport d'une multitude d'individus à un unique orateur (que celui-ci parle dans une salle de réunion ou à la radio ou à la télévision, cela n'a pas d'importance). De même, l'analyse de la télévision (par Bernard Stiegler) et celle de la propagande (les appareils idéologiques d'État à la Althusser) qui se concentrent sur ces phénomènes de synchronisation, dans les opinions et la vie des individus, qui s'arrêtent au même moment, à 20 heures, pour se tourner vers le journal télévisé, suivent du même modèle.

Cependant, dès les premières années du XXe siècle, Gabriel Tarde s'est intéressé au rôle de la conversation en tant que complémentaire de la presse dans la formation de l'opinion. La conversation est, à l'époque, le seul, ou le principal, réseau de communication entre individus : au café ou dans un salon, les convives parlent du journal. La presse est une communication polarisée. Elle part d'un pôle, ou de quelques pôles, une dizaine de journaux, et autant d'éditorialistes, et ses messages atteignent, en même temps à peu près, la multitude des individus. Mais, pour Tarde, cette communication polarisée n'aurait aucune influence si elle n'était relayée par la conversation, une communication des individus entre eux. C'est là que se jouent les influences où se forme une opinion commune. Tarde ne parle pas de virus mais d'hypnotisation en cascade. Celui qui subit l'influence de la conversation – et nous la subissons tous – est comme un somnambule dont les rêves lui sont suggérés par un hypnotiseur mais qui les assimile et les prend pour les siens propres, au point de vouloir à son tour en hypnotiser un autre : « Supposez un somnambule qui pousse l'imitation jusqu'à devenir médium lui-même et magnétiser un tiers, lequel à son tour l'imitera, et ainsi de suite. N'est-ce pas là la vie sociale ? Cette cascade de magnétisations successives et enchaînées est la règle[17]. »

Cette hypnotisation en cascade ou en réseau a pour effet de reproduire une certaine image de la réalité. C'est un schéma pour décrypter la réalité (une image sur une plaque de verre à travers laquelle se dessine le monde extérieur) qui circule ainsi, passant d'un cerveau à un autre, sans que nous ayons conscience. L'imitation au sens où l'entend Tarde est « une action à distance d'un esprit sur un autre, et une action qui consiste dans une reproduction quasi photographique d'un cliché cérébral par la plaque sensible d'un autre cerveau[18] ».

Le virus guerrier de notre Président a bien une telle action hypnotique qui fait voir des *ennemis* à nous tous qu'il contamine, et un *ennemi* en nous-mêmes peut-être.

Rouge

« Les enfants ne sont pas les agents du Covid[19] *»*

Je repère le titre chez le marchand de journaux. J'achète aussitôt le quotidien. L'article répond manifestement à celui que j'ai lu l'avant-veille : « Covid-19 : L'énigme des enfants ». Le feuilleton se poursuit. Pourtant, ni les malades, ni les porteurs sains, qu'ils soient contagieux ou non, ne sont réellement des agents du virus, au sens où l'on parle en temps de guerre des agents de l'ennemi.

Dans le remake par Carpenter du *Village des Damnés*, l'un des enfants nés mystérieusement pendant le black-out de Midwich, et qui sont en réalité des extraterrestres « portés » par des mères humaines, se détache de ses congénères et prend des traits humains[20]. Sa mère, à la différence des autres qui rejettent leur enfant, l'aime mais avec une sorte d'hésitation ou malgré elle : elle se retient de l'embrasser, elle l'observe, essayant de saisir en lui la présence de l'*alien.* À force d'établir entre nous des gestes barrières, les êtres les plus familiers nous deviennent étrangers.

Évidemment, la situation serait différente si l'ennemi n'était pas invisible. Dans le film de Cronenberg, *Shivers*, il prend la forme de gros vers de terre couleur sang[21]. Le virus rampe sur le sol et les murs, laissant où il passe des traînées comme celles d'un escargot mais rouges et plus épaisses. Il se blottit dans un coin, ou sous un meuble, dans une bouche d'aération. Quand un humain passe à proximité, il se replie et jaillit, d'un bond, pour atteindre un bras, une jambe, sur laquelle il glisse alors très rapidement pour pénétrer le corps par l'un de ses orifices. L'humain se débat toujours inutilement.

Après quelques heures d'incubation, durant lesquelles son abdomen est pris de convulsions, l'humain contaminé vomira à son tour une multitude de ces virus.

Un virus visible pourrait remplir nos esprits de peur et de dégoût mais, il n'y a qu'à voir le film, ce serait très différent de l'inquiétude obsédante que suscite l'ennemi invisible.

Clichés

De l'autre côté de l'Atlantique et un demi-siècle après Tarde, Norbert Wiener, le père de la cybernétique et de la théorie de l'information, s'intéresse au type de messages susceptibles de circuler dans un réseau de communication. Il ne parle pas de virus mais de « clichés », au sens de lieux communs[22]. Le problème vient de ce que la circulation d'un message dans un réseau tend à le brouiller.

Dans la circulation d'un message, en effet, ne peut que se perdre de l'information, comme, sur l'une des multiples plateformes de télé-réunion que nous utilisons à Virusland, une mauvaise connexion rend indistinctes l'image et la voix de mon correspondant. Si j'enregistre encore ces images pour les envoyer à un tiers qui les télé-chargera, une multitude d'autres accidents en appauvrira encore le contenu. À chaque étape, de petites variations aléatoires s'ajoutent au message initial qui finalement s'abîmera dans le bruit.

Wiener, qui écrit dans les années cinquante, ne parle pas des plateformes de télé-réunion, ni des réseaux sociaux mais de la presse, de la radio, de la télévision. Cependant, des informations circulent sur ces réseaux aussi. Les journaux locaux reprennent, en les réécrivant, des éléments dans les journaux nationaux. Ou le contraire. Ou bien un article de journal discute d'une émission de télévision. Ou bien une formule, un slogan, une sorte de jeu de mots, imaginé dans un éditorial finit par être repris à la radio et à la télévision… À chaque étape, des choix sont faits par les éditeurs, qui se concentrent sur tel message et ignorent les autres, choisissent cette phrase en particulier, reprennent ou non telle formule. Ces coupes, ces transformations, il faut les considérer abstraitement dans la théorie de l'information, comme des variations que subit le message, analogues à celles que produit le vent qui agite les fils du télégraphe. Elles ne transforment pas le message en une suite aléatoire de caractères. Les erreurs de typographie, les fautes d'impression sont négligeables, mais ces variations introduites par les agents humains effacent la singularité du message, ou en éliminent certains pour accélérer la circulation d'un autre. L'humain, qui, parmi tous les messages qu'il reçoit, en renvoie certains seulement, les reformule le cas échéant, introduit un bruit dans la communication. Plus les individus communiquent, plus rapidement un message ou bien se brouille ou bien se transforme en ce que Wiener appelle un cliché, et ce que à Virusland nous appelons un virus.

On pourrait comparer la circulation des messages au « téléphone arabe », ce jeu d'enfants consistant à répéter à notre voisin une phrase qu'un autre nous a chuchotée à l'oreille. En général, la phrase imaginée par le premier joueur se transforme au point d'être méconnaissable lorsqu'elle lui revient. Ce n'est pas qu'elle se transforme en une suite aléatoire de sons. Il reste des mots auxquels les joueurs s'efforcent de donner sens. Mieux, certaines phrases restent identiques à elles-mêmes. Elles ont la capacité à circuler sans se déformer. On peut les entendre mal, on en devine néanmoins les mots malgré le bruit qui les recouvre.

La question serait de savoir quelles sont les caractéristiques qui, dans un contexte donné, permettent ainsi à un message de circuler sans se brouiller : qu'est-ce qui à Virusland fait d'un message un virus ?

Avec la notion de cliché, Wiener insiste sur la simplicité, l'absence d'originalité, mais cela ne suffit pas à expliquer le succès viral de la guerre contre l'ennemi invisible.

Guerre

Les images de la lutte contre le virus, dans la plupart des régions de Virusland, peuvent rappeler celles d'une guerre. L'armée est mobilisée. On voit des files de camions militaires parcourir la nuit de grands boulevards déserts. Des soldats construisent des hôpitaux de fortune. Les rues sont désinfectées par des colonnes, bien organisées et marchant au pas, de silhouettes blanches, revêtues de combinaisons de plastique, le visage réduit aux gros yeux et à la bouche ronde d'un masque à gaz. Elles sont armées d'étranges appareils qui dégagent comme des nuages, lesquels recouvrent les haies et montent le long des immeubles.

Certainement aussi, le mot de guerre appliqué à un virus fait écho à tous les films de zombies que nous avons vus, et prend donc une impression de déjà-vu, comme un refrain bien connu et que nous aurons tendance à fredonner nous-mêmes. Elle transforme le virus en un ennemi et fait signe vers un autre *ennemi.* Le mot de guerre, enfin, réinscrit la crise dans une histoire, la Première Guerre mondiale, la Deuxième et toutes les autres que nous avons fantasmées et dont nous savons qu'elles appellent des privations.

Un virus, un message susceptible de circuler, répond à un principe d'économie analogue à celui que Freud distingue dans les rêves et les mots d'esprit. Il condense dans une seule formule une multitude d'éléments dans laquelle chacun pourra se retrouver. C'est, comme la simplicité sur laquelle insistait Wiener, une condition nécessaire à l'éclosion d'un virus, non suffisante.

À la radio, un psychologue explique qu'il ne faut pas écouter les informations plus de deux fois par jour. Il dit : « Se connecter à l'information. » Lui-même parle sur une chaîne d'information en continu que j'écoute en permanence pendant que je travaille.

Le jingle annonce que cette chronique repassera à 14 h 15 et 18 h 30.

Plus tard :

Ce qui m'a surpris, c'est que je m'attendais à ce que les gens nous contactent principalement pour des difficultés psychologiques liées à l'ennui, à l'inactivité mais cette question n'est pas en fait la plus prégnante dans les appels. Les gens nous contactent moins parce qu'ils s'ennuient que parce qu'ils ont peur de sortir de chez eux[23].

Claustrophilie

Comme on le sait, la constitution de Virusland est liée à l'émergence d'un virus biologique, le SARS-CoV-2, au pays de la Muraille. Le gouvernement, autoritaire, de cette région éloignée a décidé de lutter contre le virus en imposant à sa population un confinement général et extrêmement sévère. Les pays frontaliers qui ont aussi été touchés par le Covid n'ont pas toujours eu recours à un confinement général. Certains ont utilisé des applications de traçage pour freiner la dissémination du virus. Néanmoins, le plus souvent, l'exemple initial a été suivi. Peu en importent ici les raisons. Le confinement général, le confinement de l'ensemble de la population, n'est pas une conséquence matérielle de la dissémination du virus. Cette forme de vie est un phénomène différent. Elle se développe par contagion mais contagion sur le plan des mots et des images. Les habitants d'une région voisine (voisine dans les réseaux de communication) à une région confinée auront également tendance à se confiner, voyant dans le confinement la meilleure, ou la seule, réponse possible au virus biologique.

Le confinement n'est pas un effet direct du virus biologique, ni son symptôme comme l'est la toux, mais résulte d'un autre virus, qui circule au niveau de l'information. Ce second virus appartient à la famille des claustro-virus.

Le claustro-virus a ses symptômes : le porteur est claustrophile ; il reste chez lui autant que possible ; il désire que ses voisins (ses proches dans la réalité physique et ses « amis » sur les réseaux de communication) restent chez eux ; il tente de les en convaincre et de leur transmettre lui-même le claustro-virus ; le cas échéant, il est prêt à user de l'intimidation, voire de la contrainte pour obliger ses voisins à rester chez eux.

Certes, dans la majeure partie de Virusland, le confinement est imposé par les états. Le claustro-virus semble d'abord toucher les gouvernements avant de se diffuser dans les populations. Par polarité, en passant dans le discours d'un ministre ou dans le journal télévisé dont chaque image porte le logo « restez chez vous ». Aussi bien qu'en circulant sur les réseaux de communication dans des liens de pair à pair. Le confinement est en général accepté, souhaité par les populations, qui semblent donc bien porter le claustro-virus.

Bien sûr, comme on peut être en contact physique avec le porteur d'un virus biologique sans l'attraper, on peut être en communication avec le porteur du clausto-virus sans pour autant se confiner.

Enfin, comme un virus biologique, ce claustro-virus peut muter en passant d'une région à une autre. Ainsi, notre Président y apporte une mutation importante donnant corps dans ses mots à un nouveau virus, disons le claustro-virus guerrier. Celui-ci a pour effet d'introduire dans la claustrophilie une composante morale ou d'y distinguer des *ennemis*, qui, sans être eux-mêmes porteurs du virus biologique, sans même forcément favoriser sa dissémination, s'opposeraient en quelque façon au bloc des citoyens.

Manies

– *Mon voisin étend son linge dans le jardin. Est-ce que je risque quelque chose ?*

La question est posée au téléphone par un auditeur à la radio. Pour y répondre, le journaliste dialogue avec un médecin. Celui-ci hésite. Il explique que, si le linge a été contaminé, des draps par exemple dans lesquels aurait dormi un malade, il faut, pour les désinfecter, les plonger au moins 30 minutes dans une eau à 60 °C. Mais, lorsque cela n'a pas été fait, le virus peut-il s'échapper du linge qui sèche, prendre un courant d'air et s'envoler pour se disséminer dans la rue, ou passer au-dessus de la haie ?

– *Honnêtement, c'est difficile à dire.*

– *Et, si je fais sécher mon linge dehors, peut-il être contaminé par quelqu'un qui passe à côté ?*

Le médecin soupire :

– *A priori, on ne peut pas l'exclure.*

La question m'intéresse depuis que j'ai remarqué que les voisins laissaient des vêtements dehors sur le perron, en tas sur deux chaises en plastique.

À la longue, je me suis rendu compte qu'ils se changeaient au moment d'entrer et de sortir de la maison.

Ils ont une tenue d'extérieur qu'ils enfilent au moment de sortir et laissent dehors quand ils sont chez eux. Évidemment, ils se déshabillent et se rhabillent à l'intérieur, et c'est le plus souvent lui que je vois ressortir quelques instants après leur retour pour remettre sur les chaises du perron les vêtements possiblement contaminés.

J'ai placé mon bureau face à la fenêtre et j'ai donc tout le loisir d'observer leur manège.

Durant une conversation téléphonique avec mon ami C., nous convenons l'un et l'autre qu'il est extrêmement rassurant de voir que d'autres sont plus inquiets que soi. Ma fascination pour mes voisins s'explique très bien par là.

L'idéal est même de faire porter à d'autres sa propre angoisse.

– Lave-toi bien les mains sinon tu vas tous nous rendre malades.

Obsessions

Les clichés, les virus, peu importe comme on les appelle, circulent dans les messages de nos amis, les vidéos sur nos écrans, les articles de journaux ou les conversations. Nous les gardons en mémoire ou croyons les oublier mais, à la première occasion, nous lançons à la ronde dans la queue devant l'épicerie : « Ah oui, et il paraît que… » Malgré les distances de sécurité, ce mètre ou deux entre nous, les trois ou quatre clients qui attendent leur tour d'entrer dans la boutique, auront entendu, s'ils n'avaient pas déjà été atteints par lui, le message, qui, à Virusland, concerne forcément, de près ou de loin, le Covid. Quelqu'un dira un peu plus loin : « Ah oui, c'est vrai, je le sais de source sûre » ou « Un ami qui travaille à l'hôpital m'a justement dit… »

Plus la charge virale est forte, plus l'effet du virus est puissant. Les nouveaux contaminés repartiront prêts à transmettre le message à tous ceux qu'ils rencontreront.

Cependant, à force de circuler, certains virus commencent à jouer comme des attracteurs, qui ramènent à eux toute communication. Ainsi, la météo faisait auparavant l'objet de conversations relativement stables qui tournaient en rond quelque temps avant de s'éteindre. Mais, à Virusland, immanquablement, entendant parler du temps, quelqu'un évoquera l'hypothèse que le virus disparaisse dans la chaleur de l'été. Et la conversation sera relancée sur le Covid : « Et d'ailleurs vous savez que… »

Le message n'est plus seulement viral. Il est devenu une obsession. C'est comme dans un réseau de neurones : certaines connexions entre des neurones ayant été souvent sollicitées, l'activation de n'importe lequel de ces neurones, par un stimulus tout autre, réactive tout le trajet.

– *Tu me passes le pot de confiture, s'il te plaît ?*

Et je commence à penser à ma peau et aux démangeaisons, les miennes et celles que produit le virus…

Dans la cybernétique de Wiener, l'image du réseau neuronal permet de penser sur le même modèle les processus de pensée qui s'opèrent dans l'esprit, les processus physiologiques qui ont lieu dans le cerveau, les circuits électriques que renferment nos ordinateurs et le réseau que forment nos écrans connectés. Le cerveau, l'ordinateur et Internet semblent pouvoir, avec plus ou moins de succès, être décrits comme des réseaux neuronaux. Or, sur un tel réseau, un virus dessine un trajet, sur lequel une même impulsion continue de se transmettre, et finalement une boucle, le message revenant à des nœuds qu'il a déjà touchés et qui le retransmettent. Une obsession est une boucle à laquelle s'intègre un nombre croissant de neurones : « Dans un système comprenant un grand nombre de neurones, les processus circulaires peuvent difficilement rester longtemps stables. Soit […] ils vont leur train, se dissipent et meurent, soit ils accaparent un nombre croissant de neurones dans le système. On peut s'attendre dans ce cas à l'obsession morbide accompagnant les névroses d'angoisse. Il se peut que le patient n'ait simplement pas la place, le nombre suffisant de neurones, pour effectuer ses processus normaux de pensée. [...] Ainsi, ce qui était au départ un cas relativement banal et accidentel de stabilité peut engendrer un processus totalement destructif pour la vie mentale courante[24]. »

Cette neuro-physiologie de l'obsession peut bien être fantaisiste. Elle vise seulement à établir une analogie entre nos processus mentaux, tels que nous pouvons nous les représenter, *et* le mécanisme de nos cerveaux *et* celui des ordinateurs *et* celui des réseaux de communication, pour nous permettre alors de réinscrire dans notre imaginaire la vie propre de nos machines. Une obsession, dans notre esprit, c'est une idée à laquelle tout nous ramène : on ne peut plus penser à autre chose. Une obsession, dans un réseau de personnes, c'est un certain message auquel tout nous ramène : on ne peut plus parler d'autre chose. Une obsession, dans un réseau de personnes et de machines, c'est un message qui circule en boucle et colonise une part croissante du temps des humains et des machines : le réseau s'étend.

Les obsessions n'ont pas la même fonction, ou ne causent pas les mêmes problèmes dans un esprit et dans un réseau de personnes et de machines. L'obsession de l'esprit est, dit Wiener, « morbide ». C'est une angoisse dont on ne peut pas sortir. Dans le réseau, en revanche, l'obsession a pour effet de renforcer les liens par où circulent les messages : on cherche des informations, on en discute avec ses « amis ». On passe plus de temps sur le réseau. Les parents laissent les enfants regarder des séries ou jouer en ligne pendant qu'eux sont occupés ailleurs.

Le réseau se renforce, accaparant plus d'humains pour une plus grande part de leur temps. Je lis dans le journal que depuis que nous sommes entrés à Virusland, nous regardons chaque jour la télévision trois quarts d'heure supplémentaires. Je ne trouve pas de chiffres concernant le temps passé devant l'écran internet mais il est certain qu'il a considérablement augmenté. De fait, la bourse chute régulièrement, à l'exception des opérateurs internet et des plateformes numériques.

Le virus et l'obsession qu'il suscite favorisent l'extension du réseau. Celui-ci vit de la viralité. Il n'aurait pas pu imaginer mieux, ni autre chose, qu'un virus pour nous attacher à lui. Heureusement, le réseau ne réfléchit pas à la façon d'un humain.

Limites

J'attends sur le seuil de la boutique dont la vitrine est grande ouverte. Le boucher, un grand, maigre, les cheveux un peu longs, est penché sur des côtelettes d'agneau qu'il découpe à coups de hache. C'est au morceau de viande, plutôt qu'à la cliente à face de lui, qu'il semble parler.

– *J'espère que l'autre* – il parle manifestement de notre Président –, *y va pas nous faire sortir trop vite. Parce que là...*

La femme en face de lui, cheveux courts, blonds, les vêtements un peu négligés d'une citadine à la campagne, l'interrompt :

– *En Autriche, ils ont déjà commencé...*

Le boucher lève sa hache et ses yeux pour regarder la cliente et savoir si elle essayait de le contredire. Moi-même je me le suis demandé. Il reprend :

– *Ah oui, mais eux, ils en n'ont presque pas. C'est qu'à côté, nous, on est des charlots.*

Maintenant qu'il s'est redressé, je remarque son T-shirt, gris, sur lequel un motard, avec son casque, la visière relevée et les grands yeux noirs des figures de manga, les sourcils froncés, l'air énervé, s'accompagnant d'un geste des mains pour montrer quelque chose d'étroit, demande, en lettres capitales dans une bulle au-dessus de sa tête :

– *Pourquoi rouler à 100 quand ça passe à 300 !? !*

… 397, 398, 399, 400.

Elle s'arrête pour reprendre haleine. Le couple marchait un peu en avant de moi. Je les dépasse au moment où ils se tournent l'un vers l'autre. Lui soupire :

– *C'est pas possible. C'est encore plus court que ce que je croyais.*

Elle lui répond, avec le ton que l'on emploierait pour consoler un enfant sans y croire soi-même :

– *Il en reste quand même 600.*

Ils ont dans les soixante-dix ans. Ils portent des masques blancs. Elle est grande. Lui plus petit semble déjà tassé par l'âge. C'est rétrospectivement, en entendant ce qu'il lui dit, que je me souviens qu'elle faisait devant moi de grands pas, lentement et qu'elle les comptait. La rue est parfaitement droite, bien qu'elle monte par paliers successifs le long de ces dunes hautes et maintenant boisées qui séparent la côte et les landes.

Ils comptent leur kilomètre. Je me demande si, comme moi, ce sont des ennemis de l'État qui, après une première récidive, risquent la prison, s'ils sont pris entre la peur du virus et cet autre *ennemi* qui les démange et les pousse à se promener jusqu'aux limites du possible.

Limites

Pour établir celles-ci, je n'ai pas compté mes pas mais téléchargé sur mon téléphone une application qui automatiquement trace sur une carte un disque d'un kilomètre de rayon autour du point où je me trouve. J'ai même imprimé la carte de cette prison ouverte dans laquelle je m'enferme. Je la porte toujours sur moi.

Des pas sur le sable

D'abord j'ai cru que le quartier s'organisait en deux clans avec les partisans du confinement, qui seraient largement majoritaires, et les opposants. Mais il me semble plutôt que l'opposition, cette polarité entre le claustro-virus et *l'ennemi*, se joue dans la tête de chacun. *L'ennemi*, d'abord inconscient dans les mots du Président, engendre à son tour ses propres virus. Nous parlons de plus en plus librement de notre difficulté à supporter l'enfermement. Les mots appellent des mots qui se condensent en formules, et celles-ci commencent à circuler.

Tous les jours, en fin d'après-midi, je sors tracer des Z à l'intérieur du kilomètre légal. S'il fait beau, il m'arrive de lui faire pousser une pointe. Je monte alors sur la corniche qui, un peu au-delà de mon kilomètre, grimpe sur une dune pour longer la côte. Derrière les pins, le soleil qui descend vers la mer y dépose une grosse bande jaune. La mer est bleue, les pins verts, les ombres allongées. C'est, en grandeur nature, la carte postale d'un après-midi de vacances. Le vent et les marées ont effacé sur la plage toute trace humaine.

Un soir, pourtant, je remarque des pas sur le sable, à l'endroit où aboutit le sentier, et qui s'avancent vers l'eau puis continuent sur la gauche.

Le lendemain, la marée, qui devait être moins forte que les jours précédents, les a seulement à moitié effacés, laissant paraître en pointillé le passage du promeneur, comme si celui-ci, par endroits, était sorti de l'eau pour y revenir presque aussitôt.

Bientôt, il y a d'autres traces de pas qui débouchent du même sentier. Les pas appellent les pas, comme les mots dans une conversation. Les traces se multiplient.

Moi-même, je ne peux plus résister. Je descends sur le sable.

Après quelques jours, quelqu'un dessine, sur un coin de plage resté vierge, ces mots en grosses lettres, lisibles depuis la route :

MAIS QUE FAIT LA POLICE

Une multitude de virus linguistiques, des formules que nous entendons et répétons, nous traverse. Certains y produisent des effets : ils nous font applaudir le soir à 20 heures, ou descendre sur la plage, et se transmettent aussi par ce geste sans mot comme le virus biologique se transmet dans un éternuement. D'autres n'ont aucun effet visible. Nous en serions des porteurs sains. Ces formules, si elles étaient prises à la lettre, dans toutes leurs conséquences, se contrediraient, mais ces contradictions apparentes ne nous gênent nullement. Les propositions en contradiction semblent se loger dans des parties différentes de notre esprit, comme si les unes passaient dans la conversation, les autres s'inscrivaient sur nos T-shirt.

Incertitudes

Le clown à la mèche orange, qui a pourtant déclaré la guerre à l'ennemi invisible, lance dans un tweet : « Libérez nos régions. » Les gouverneurs des régions en question viennent de décréter le confinement. Des manifestations y ont lieu. Quelques centaines de personnes se rassemblent pour demander le déconfinement. Certains manifestants sont masqués. Quelques-uns aussi sont armés de fusils d'assaut.

Rien de cela n'a lieu ici. Comme le voulait notre Président, nous semblons faire bloc contre l'ennemi invisible.

Hier, le journal local annonçait que le virus n'avait pas provoqué de surmortalité dans la région[25]. Les exilés du Covid, ces citadins partis se confiner loin des villes, n'ont donc pas de mort sur la conscience. Tout au contraire, on meurt moins ce printemps que le précédent.

Aujourd'hui, les radios reprennent en boucle les mots du ministre de la Santé qui annonce que les mesures qui ont marqué l'entrée de ce pays dans Virusland ont sauvé 60 000 vies.

Il y a trois jours, dans un entretien dans la revue *Nature*, un épidémiologiste étranger expliquait que le confinement et, plus largement, les mesures qui définissent Virusland n'ont pas de base scientifique, qu'elles auraient été dans son pays sans effet à court terme et néfastes à long terme, puisqu'elles auraient ralenti l'acquisition d'une immunité de groupe, nécessaire à empêcher la formation d'une seconde vague d'épidémie[26].

L'immunité de groupe signifie qu'une part suffisante de la population (60 %) est immunisée contre le virus, contre lequel elle a développé des défenses. Le virus ne touche alors plus que les personnes non immunisées, une petite part de la population, et cela à une vitesse réduite.

91 cas ont été relevés de possibles doubles contaminations. Ces malades ont été testés positifs, puis négatifs, puis de nouveau positifs. Ils ont pu être contaminés une deuxième fois par le virus, ce qui signifierait qu'il n'y a pas d'immunité après une première contamination. Ou bien ils ont fait une rechute, c'est-à-dire qu'ils ne se sont jamais totalement débarrassés du virus. La présence du virus n'aurait pas été repérée lors du deuxième test. Mais, après un laps de temps, les symptômes de la maladie se seraient à nouveau déclarés. Dans cette deuxième hypothèse, ces malades n'ont jamais été complètement guéris.

L'Organisation Mondiale de la Santé, qui soutient Virusland, met en doute qu'une contamination par le virus produise l'immunité. La plupart des épidémiologistes dont je suis les analyses dans la presse, ou dans des entretiens vidéo, adoptent pourtant la position contraire et voient plutôt dans ces 91 patients des cas de rechute.

Le ministère de la Santé estime entre 5 et 6 % la part de la population déjà contaminée par le virus dans notre pays. Dans un journal étranger, un épidémiologiste déclare que ce nombre est sous-estimé d'un facteur de 1 à 10, et qu'il est possible que nous approchions l'immunité de groupe[27].

Comment savoir ?

Justement, on ne sait pas, ni par quels moyens le virus se transmet, ni mêmes quels sont les symptômes du virus, ni quelle part de la population a déjà été contaminée. L'incertitude alimente la spéculation : les spéculations des épidémiologistes et celles de chacun d'entre nous et celles qui circulent sur le réseau Internet.

Fake news

Fake news spreads faster and more easily than this virus, and is just as dangerous[28].

Comment savoir ?

Ces sites, ou ces courriels ou ces tweets fantaisistes que nous recevons parfois, invoquant les mérites de cures imaginaires, ont peut-être tué mais quel est le nombre des victimes ? Sont-elles aussi nombreuses que celles du Covid ? Le directeur de l'OMS a-t-il des chiffres qui justifient cette déclaration ? Ou bien n'est-ce qu'une hypothèse, ou une formule destinée à circuler, une fake news en réalité qui serait donc aussi dangereuse que le virus biologique ?

Je me sens fatigué, nerveux, j'ai mal à la tête et des irritations de peau. Cela fait quelques jours. J'ai peut-être la gorge sèche. Suis-je atteint par le Covid ? Ou bien ai-je avalé trop de fake news ? L'un et l'autre sont possibles. Les symptômes peuvent être les mêmes. Dans les deux cas, je suis atteint par le virus, sous son aspect biologique ou sous son aspect informationnel. La différence est que si l'on peut penser que le virus biologique produit une immunité, l'acquisition d'une immunité contre les fake news est très incertaine.

Ce qui cst sûr, c'est que, si les fake news sont aussi dangereuses que le virus biologique, le confinement est une erreur. Parce que, en admettant que le confinement nous protège du virus biologique, il nous laisse, assignés à résidence, devant nos écrans, exposés aux virus de l'information.

Les voisins ne sortent plus du tout. Au début, je me suis même inquiété. Plusieurs cartons de livraison restaient posés sous l'auvent du perron. Puis j'ai vu ce matin Monsieur sortir et prendre plusieurs paquets dans l'un des cartons. Il les nettoyait avec une lingette. Il portait des gants.

Je crois qu'ils utilisent maintenant le perron, qui est bien abrité, comme une quarantaine pour leurs livraisons.

UN JOLI NUMÉRO

I see the disinfectant knocks it out in a minute. One minute[29] *!*

C'est une conférence de presse, il y a un peu de monde dans la salle. Le clown à la mèche orange se tourne vers son acolyte, une femme, médecin militaire, qu'il a nommée pour coordonner la réponse au virus dans ce pays. Elle est assise sur une chaise en plastique à côté de l'estrade. Lui développe son idée : les désinfectants, les détergents ménagers sont censés éliminer 99, 9 % des microbes. Alors…

Is there a way we can do something like that ? By an injection inside or almost a cleaning ? Cause you see it gets in the lungs and it does a tremendous number on the lungs, so it'd be interesting to check that. You're gonna have to use medical doctors, right ?

Le clown semble retenir une sorte de sourire. Sa complice involontaire, dans ce numéro de cirque, n'exprime rien, sinon l'effort de ne rien exprimer. Elle ne remue pas un muscle. J'imagine que c'est pour elle un de ces moments où la réalité prend un tour irréel. Le clown semble chercher à la séduire. Il mime ce hochement de tête qu'elle n'aurait qu'à imiter pour dire : « oui. » Elle a les mains croisées sur les genoux et résiste par une parfaite immobilité. C'est seulement quand vient la frapper la dernière phrase – parce qu'il faudra des médecins, hein ? – qu'elle semble accuser le coup avec un tremblement.

Il revient vers la caméra. Il fait la moue.

But it sounds interesting to me.

Il prend certainement plaisir à la torturer, comme le garçon pince la fesse de sa camarade de classe qui n'ose pas protester ni se défendre parce que la maîtresse la regarde.

C'est peut-être simplement pour jouer que le clown fait son numéro. Ou alors c'est pour que l'on ne parle pas du fait que son pays vient de dépasser la barre des cinquante mille morts. Ou encore pour bien établir, une fois pour toutes, la dangerosité des fake news, donner raison au directeur de l'OMS qui disait qu'elles sont aussi dangereuses que le virus.

Dans la soirée, plusieurs marques de détergents, dans des communiqués de presse, mettent en garde contre l'ingestion de leur produit. On ne doit ni se les injecter, ni les avaler, ni même s'en gargariser pour se nettoyer la gorge et les poumons.

À la radio, j'entends un médecin qui déconseille aux auditeurs de nettoyer les fruits, les légumes, la viande à l'eau de javel, comme un certain nombre des habitants de Virusland ont, semble-t-il, commencé à le faire.

Je pense à mes voisins.

Traquer les fake news

Les fake news peuvent être générées délibérément, dans un but précis, une campagne de désinformation. La plupart des plateformes mais également des scientifiques indépendants travaillent sur des algorithmes qui traqueraient les fake news.

Des sites Internet vendent des cures miraculeuses contre le virus ou attirent l'internaute par un titre alléchant (un complot démasqué peut-être) dans le but de vendre à des annonceurs un espace publicitaire. Ces espaces publicitaires sont mis en vente dans un système d'enchères auxquels répondent d'autres algorithmes. Mais les plus désireux d'introduire leur publicité sur des sites de fake news sont, semble-t-il, toujours les mêmes, de sorte que les algorithmes qui jouent le rôle des chats, dans ce jeu de chats et de souris pour robots, peuvent cibler les publicités diffusées pour reconnaître les sites frauduleux[30].

Les fake news peuvent aussi circuler dans les commentaires associés aux contenus postés sur les différentes plateformes. À chaque tweet, à chaque vidéo, portant un certain mot-clé, un robot déguisé comme un utilisateur fictif, Sandra, Marc33, vient ajouter un commentaire, ou un certain type de commentaire, avec un lien, ou une information tendancieuse.

Lorsque les initiateurs de cette désinformation ont peu de moyens, et peu de temps, le compte qu'utilise le robot n'a pas d'amis, ou de « followers ». Des algorithmes, dans le rôle des chats, peuvent donc repérer ces comptes fictifs tandis que d'autres algorithmes, dans le rôle des souris, en créent de nouveaux à mesure que les anciens sont fermés.

Cependant, une campagne de désinformation peut aussi être préparée à l'avance par des robots qui créent une multitude de comptes qui se « suivent » les uns les autres ou se sont liés « d'amitiés ». Les robots associent à ces comptes des contenus, pour les rendre indiscernables de ceux des utilisateurs humains. Si ces comptes fictifs sont assez nombreux, ils peuvent se renvoyer entre eux un certain message, un tweet, une vidéo, des millions de fois, de sorte que le message passe dans les plus populaires de la plate-forme, qu'il finit par s'afficher sur une multitude d'écrans, pour être relayé par des agences de presse, acquérir une large visibilité et la légitimité qui va avec.

Les algorithmes, dans le rôle des chats, passent alors en revue les utilisateurs qui ont diffusé ce contenu (retweetés un tweet par exemple) pour essayer de remonter à travers des millions de messages, des centaines de millions peut-être, jusqu'à une, ou des sources. Le processus est long et n'aboutit, s'il aboutit, que plusieurs mois après la diffusion de l'information.

Ces campagnes de désinformation, longues et coûteuses, ont le plus souvent un but politique. Elles peuvent émaner d'un état étranger qui se livre ainsi à une propagande d'un type nouveau. On a ainsi évoqué l'intervention virale d'un état étranger dans l'élection du clown à la mèche orange.

Le contenu d'une fake news peut avoir son importance. Il peut s'agir d'influencer une population. Mais une fake news peut aussi simplement avoir pour but d'attirer notre attention, pour la détourner d'autre chose (50 000 morts dans le pays du clown) ou, plus prosaïquement encore, nous amener sur un site qui tirera profit *via* la publicité de notre attention. Le contenu alors du message n'a aucune importance du moment qu'il est viral. On pourrait parfaitement imaginer des robots qui, outre créer des comptes et poster des commentaires, analysent le flux des mots-clés dans les messages qui circulent pour créer de nouveaux virus.

La diffusion et la traque des fake news, si elles bénéficient à des humains, sont faites par des algorithmes. Des robots se battent ainsi pour l'attention des humains, les uns essayant de capter notre attention, les autres détruisant le travail des premiers, pour contrer ce détournement d'attention. Des robots concourent aussi dans des enchères pour obtenir l'espace publicitaire de nos écrans. Le contenu d'une page web est en général le résultat d'une bataille quasi instantanée entre une multitude d'algorithmes.

Cependant, la traque des fake news que rapportent les journaux de Virusland, ou les lois anti-fake news introduites dans certaines régions ont quelque chose de trompeur. D'abord, les robots qui assurent la diffusion des virus sont plus rapides que ceux qui les pourchassent, de sorte que la traque aboutit rarement, ou alors longtemps après que le virus s'est disséminé et qu'il ait produit ses effets. Ensuite, elle ne concerne que les fake news qui s'inscrivent dans une campagne délibérée, bien caractérisée, émanant par exemple d'un pays étranger, dans une guerre sur le plan de l'information où un autre se défend. Il n'est pas question de traquer les fake news en tant que telles.

C'est certes possible dans certains secteurs du réseau. Par exemple, si chacun peut contribuer à l'encyclopédie, Wikipédia utilise des rédacteurs bénévoles qui ont pour charge de vérifier l'exactitude des informations données et, le cas échéant, de les corriger ou de supprimer l'article. Mais ce modèle ne pourrait pas être étendu à l'ensemble du réseau. Les plateformes utilisent les contenus que les internautes y diffusent et qui attirent de nouveaux utilisateurs. Elles tirent profit de la viralité des contenus, qui colonisent une part toujours grandissante de l'esprit et du temps humains. Elles perdraient à ne retenir que les contenus véridiques ou explicitement fictionnels, si même il était techniquement possible d'isoler ceux-ci. Elles vivent de la viralité des messages, et non pas de leur véracité.

Le terme même de fake news est relatif. Chacun l'emploie pour discréditer les annonces de ses adversaires. Le clown à la mèche orange voit des fake news partout. Et il n'a pas tort, lorsque, pour dénoncer les formules virales, le directeur de l'OMS en utilise une qui est sinon fausse du moins sans justification.

En fait, à Virusland, il est difficile de distinguer des informations vraies et des informations fausses. On sait trop peu de choses du virus. Les médecins se contredisent, et ne peuvent se faire entendre qu'en lançant des formules virales. Les chefs d'État utilisent la même viralité. La communication polaire, lorsqu'un seul émetteur s'adresse à une multitude de récepteurs, a perdu son influence. Les messages doivent circuler pour atteindre les récepteurs et, pour cela, prendre une forme virale.

Ce qui importe dans un message est donc sa puissance virale. Sa véracité n'est qu'accessoire. Virusland est donc bien le domaine des virus. Il y circule un virus biologique et une multitude de virus informationnels.

Il est parfaitement possible que, à Virusland, si cette forme de vie s'installe pour un temps suffisamment long, la Terre s'aplatisse, ou qu'elle prenne la forme d'un frisbee. Cette hypothèse que la Terre est un frisbee lancé dans l'espace a déjà séduit une part relativement importante d'entre nous : ce sont les platistes ou flatistes. Une exposition prolongée aux virus de l'information, dans le confinement devant les écrans, en augmentera encore certainement le nombre, donnant alors à l'hypothèse du frisbee toute la visibilité et, finalement, toute la réalité qu'elle puisse avoir. Les États de Virusland ayant à peu près fermé les frontières, il ne sera plus question de faire le tour de la Terre. Rien ne s'opposera vraiment à sa platitude. On fera seulement, pour certaines opérations scientifiques, *comme si* elle était ronde, de même que, à certaines époques, on introduisait pour résoudre des équations des quantités « imaginaires » dont le carré était négatif ($i \times i = -1$), ce que l'on ne croyait pas possible.

Virusland est un monde où réalité et fiction s'entremêlent. C'est, on l'a vu, une part de l'inquiétante étrangeté qu'il suscite chez ses occupants. Le reste, l'angoisse, tient au virus qui nous obsède.

VIOLACÉE ET BULLEUSE

J'écrivais il y a quelques jours que j'étais fatigué. Et que j'avais mal à la tête. Peut-être mal à la gorge. Je n'étais pas bien certain. Je me demandais déjà si c'était l'exposition au réseau ou au virus biologique. Mais, ce matin, je me réveille, avec derrière le genou droit, une grosse plaque violacée couverte de bulles blanches. Elle a poussé pendant la nuit. Tout le trajet dans la cuisse, du genou à l'aine, est ponctué de ganglions douloureux. Je ne peux pas plier la jambe.

Le problème, c'est que j'ai lu hier soir que le virus pouvait se manifester sur la peau, dans des symptômes dermatologiques. Je me sais capable de reproduire malgré moi les symptômes d'une maladie dont on me parle. Néanmoins, cette fois-ci, le résultat est particulièrement spectaculaire, gênant, parce que je ne peux pas vraiment marcher, et douloureux.

Comme tout le monde à Virusland, je me demande si je suis touché par le virus. Et, comme tout le monde, je cherche sur Internet des précisions sur les symptômes.

Avant Virusland, plusieurs modèles essayaient de prédire le développement de l'épidémie de la grippe en s'appuyant sur les requêtes des internautes dans les moteurs de recherche. L'idée, grossièrement, est que le nombre des internautes qui tapent « symptômes de la grippe » ou « remèdes contre la grippe », « frissons, toux », est corrélé à celui des personnes atteintes par le virus. L'analyse des mots tapés par les internautes permet donc d'estimer le nombre de malades dans la région.

On a remarqué, cependant, que la référence à la grippe dans les journaux télévisés augmente la fréquence des requêtes des internautes, de sorte qu'un modèle qui voudrait se tenir purement sur le plan de l'information, devrait aussi passer en revue les médias traditionnels, pour moduler la corrélation entre les requêtes internet et le nombre de malades. Dans le cas de la grippe, les requêtes Internet, la présence du virus dans les médias, peuvent augmenter indépendamment de l'épidémie biologique, mais il reste néanmoins possible de mettre en place une corrélation entre le plan de l'information et la réalité biologique.

Virusland a totalement modifié ces perspectives. Il n'y a plus de corrélation entre la présence du virus sur les réseaux de communication et sa dissémination biologique. Le virus est omniprésent sur le plan de l'information. Le virus l'a entièrement colonisé.

Je regarde surtout les images. Les photographies des lésions cutanées. Le virus produit des engelures sur les doigts et les orteils. Et de l'urticaire, sur les jambes en particulier. Il n'y a pas de photographies des plaques d'urticaire. Je décide de prendre rendez-vous chez le médecin. Je l'appelle au téléphone. Je lui demande une télé-consultation. Il me dit :

– *Vous avez des symptômes ?*

Je réponds :

– *Peut-être*

Lui, avec le ton de celui qui connaît son client, conclut :

– *C'est bon. Vous pouvez passer au cabinet. Demain 11 heures.*

Un mécanisme de défense ?

Le virus tire-t-il parti de sa dissémination dans le plan de l'information ? Ou, au contraire, ce passage par l'information freine-t-il le développement de l'épidémie biologique ? Pourrait-il même être considéré comme un mécanisme de défense, une façon dont l'espèce humaine se défend contre le virus ?

L'une et l'autre hypothèse me semblent pouvoir être défendues. D'un côté, à force d'en entendre parler, nous apprenons sans doute à nous protéger du virus. Nous ne pouvons pas ne pas savoir que nous devons nous laver les mains, ne pas faire des bises à nos voisins, éviter de palper les fruits à l'épicerie, etc. Donc le fait de parler du virus semble devoir ralentir l'épidémie. D'un autre côté, le stress affaiblit les défenses immunitaires. Mieux, j'entendais l'autre jour à la radio que nous étions en ce moment atteints de microdémangeaisons particulièrement irritantes qui nous amènent à nous toucher le visage plus souvent. D'habitude, nous nous touchons le visage près de 200 fois par jour mais, en ce moment, c'est pire. Parce que nous sommes stressés, à force d'être confinés, rivés devant nos écrans. Et, à chaque fois que nous nous touchons le visage, nous risquons de nous inoculer le virus, par la bouche, le nez, les yeux…

Peut-être le passage par l'information est-il au départ une défense immunitaire de l'espèce humaine, parmi d'autres. Chaque individu se défend contre le virus avec des anticorps et toutes sortes de mécanismes physiologiques que j'ignore. Mais, en tant que groupe, l'espèce humaine se défend contre le virus biologique en en parlant de vive voix et dans la presse et sur Internet. Et, comme dans une allergie, le système à Virusland s'est emballé, pour produire maintenant des effets négatifs. À force d'en parler, nous ne parlons plus que de cela. Nous ne nous occupons plus de rien d'autre. Nous sommes vulnérables à d'autres dangers. Et stressés, ce qui diminue de toute façon l'efficacité de notre système immunitaire.

Chauves-souris

En attendant mon rendez-vous chez le médecin, je lis dans le journal un article sur les chauves-souris. Je ne suis pas certain de bien comprendre. En plus, je suis philosophe, et les philosophes travaillent dans la fiction. Rien de ce qu'on lit dans un texte de philosophie n'a besoin d'être factuellement vrai.

D'après ce que je comprends, les chauves-souris sont d'anciens écureuils qui ont appris à voler. À force de sauter d'un arbre à l'autre, des ailes leur sont poussées. Mais voler demande beaucoup d'énergie. Les chauves-souris ont donc aussi appris à ralentir tous leurs processus physiologiques pour garder un maximum d'énergie pour le vol. En particulier, leur corps freine les réponses immunitaires, qui restent stables dans la durée et ne s'emballent jamais. Les chauves-souris n'ont donc pas d'allergie.

Et c'est bien pourquoi les virus qu'elles hébergent sont dangereux pour les autres mammifères, les humains surtout. Le virus, chez la chauve-souris, ne se soucie pas de ces dysfonctionnements du système immunitaire. Quand il passe chez un autre animal, il se développe comme il en a l'habitude, tranquillement. Sauf que son hôte ne vole pas, n'a pas appris à stabiliser ses processus physiologiques, et sept jours après l'infection, tout s'emballe. Les cas graves de la Covid semblent tenir à une réponse disproportionnée du système immunitaire, qui finit par nuire à l'organisme en essayant trop énergiquement de se débarrasser de l'intrus.

Je me dis, la chauve-souris devrait être mon idéal. Elle est bien dans sa peau, elle vole, elle est libre : il paraît que les rêves où l'on vole donnent le sentiment d'une extraordinaire liberté. Je n'en ai jamais fait. J'ai le vertige et des allergies. J'ai tenté, pour le vertige, comme pour les allergies, toutes sortes de cures, qui m'auraient rapproché de la chauve-souris. Pourtant, j'ai (et, je crois, nous avons) une répulsion instinctive pour cet animal.

C'est peut-être que je tiens à mes allergies. À vrai dire, je ne sais pas quoi en penser. De toute façon, j'ai la plaque violacée et bulleuse derrière mon genou pour m'occuper l'esprit.

Dans la suite du journal, je lis aussi un article sur les centres antipoison qui n'ont jamais reçu autant d'appels. Surtout au pays du clown à la mèche orange. Les gens s'empoisonnent à force de nettoyer leurs aliments à l'eau de Javel. Certains en avalent. Ces empoisonnements sont, aussi bien que la toux, ou les plaques d'urticaires, les effets du virus.

Boules de billard

On ne peut pas isoler les effets du virus sur le plan de la biologie, de la matière, et ses effets sur le plan de l'information. Le virus est d'abord apparu dans la matière, comme un virus biologique qu'une chauve-souris semble avoir passé à un pangolin, et celui-ci à un humain. La dissémination du virus sur le plan de l'information a été d'abord déterminée pas son développement biologique. Mais, inversement, la situation sanitaire actuelle dépend de la dissémination informationnelle du virus. La présence du virus biologique dans les organismes humains, le nombre d'humains contaminés par le virus, la gravité de leurs symptômes sont déterminées par le confinement, les gestes barrières, le stress, une santé dégradée peut-être par l'absence de mouvement, autant de phénomènes qui sont liés à la propagation informationnelle du virus. Il n'y a pas autonomie de la biologie du virus.

Des boules de billard, dont l'une vient frapper les autres, se dispersent sur le tapis. Leurs mouvements sont déterminés par des lois. Dans la physique newtonienne, ces mouvements, et les positions relatives des boules à un instant t, sont indépendants de ce qu'on les observe et de ce que l'on peut en dire. Il y a une autonomie de la mécanique qui constitue un plan de réalité bien définie que l'on peut considérer en soi.

Ce n'est pas sur ce modèle qu'il faut penser le virus.

D'abord, comme il touche l'humain, sa propagation dépend de nos gestes, de nos actions, de notre état d'esprit, et, par conséquent, de tout ce que nous en disons. Ensuite, et plus profondément, à Virusland, on ne peut pas considérer le virus biologique comme une réalité bien définie, une boule de billard. Le virus a des propriétés contradictoires et fluctuantes qui dépendent de la viralité informationnelle.

Le virus résiste-t-il à la chaleur ? Au soleil ? C'est la grande question, ces jours-ci. À nouveau, les médecins se contredisent et ne réussissent à se faire entendre qu'en produisant eux-mêmes des formules virales qui passent dans les médias. Les propriétés que nous attribuons au virus, ce qu'est le virus pour nous, dépendent de la résonance, de la visibilité que prennent ces hypothèses contradictoires. Elles dépendent donc d'une situation informationnelle qui se modifie à chaque instant. Elles dépendent en fait des mutations du virus sur le plan informationnel.

À Virusland, il n'y a pas lieu de faire l'hypothèse d'une réalité en soi, qui aurait ses propriétés et que nous essayerions d'approcher. Cette réalité en soi, nous ne nous en soucions nullement. Les propriétés que nous attribuons aux choses ne sont pas déterminées dans une telle perspective, dans une distinction réaliste du vrai et du faux, mais en fonction de la viralité des messages qui les énoncent. C'est le cas pour le virus mais pour le reste aussi. Je l'ai dit, la Terre, à Virusland, a toutes les chances d'être plate.

En fait, il y a même une certaine abstraction à parler du virus biologique. Il vaudrait mieux parler du virus sous son aspect biologique et sous son aspect informationnel. C'est une même chose, sous deux aspects. Le virus s'est constitué dans la matière. Il est passé dans l'information. Il a changé d'état. Disons qu'il s'est transmuté. Ensuite, sur le plan de l'information, il subit une multitude de mutations, très rapides. Il essaime en une multitude de virus qui nous assaillent en permanence. Le claustro-virus, qui pousse les populations à s'enfermer, en est une nouvelle souche, et sa variante, le claustro-virus guerrier, de notre Président. Certaines de ces souches nouvelles sont amenées à durer et à exercer une influence prépondérante sur les humains, d'autres, au contraire, disparaissent au bout de quelques jours. Elles coexistent et circulent dans les réseaux de communication.

Le VIRUS

J'ai retrouvé mon masque de bricolage, qui me donne l'air d'un clone dans *Star Wars*. Le médecin porte un masque en bec de canard : le fameux Ffp2 si convoité. Bien filmée, la scène serait comique.

Nous n'avons que les yeux pour saisir les réactions informulées de l'autre. Je lui explique ma petite histoire. Il examine l'arrière de mon genou. Mais je vois bien, dans ses yeux, qu'il hésite. J'y vois même qu'il a cherché lui aussi des images des symptômes dermatologiques. Et je soupçonne que j'ai plus d'habileté que lui dans ces recherches Internet. Donc, quand il me dit que mon eczéma s'est surinfecté, que ce n'est pas *le* virus, je ne le crois pas. Il me prescrit des antibiotiques. Je ne les prends pas.

Hétérologie et homologie

On appelle hétérologiques les mots qui ne s'appliquent pas à eux-mêmes, et homologiques ceux qui s'appliquent à eux-mêmes. Ainsi, le mot « court » est homologique (le mot « court » est court), alors que le mot « long » est hétérologique (le mot « long » n'est pas long). La plupart des mots sont hétérologiques : le mot « vert » n'est pas vert ; le mot « table » n'est pas une table ; le mot « animal » n'est pas un animal, etc.

À Virusland, pourtant, le mot « virus » est homologique. Le mot « virus » est un virus. Quiconque perçoit un message comportant le mot « virus » dresse les oreilles ou ouvre les yeux. Il a toutes les chances de répéter le message, ou d'en discuter, de le transmettre à ses amis, de les contaminer sur le plan de l'information. Nous parlons beaucoup, dans les journaux ou entre nous, de virus – le virus de la grippe, ou le virus Ebola, ou celui du sida et même ceux de la haine et de la peur. Nous les comparons au virus, au virus qui nous occupe à Virusland. Pour désigner celui-ci, nous disons : *le* virus. En entendant ces mots, personne ne doute de quel virus il s'agit. Ce n'est pas exactement que ces mots s'appliquent à eux-mêmes. Les mots « le virus » constituent un virus mais pas n'importe quel virus. Ils incarnent eux-mêmes le virus sur le plan de l'information. Ils sont un aspect, ou un des modes d'existence de ce qu'ils désignent. Le virus a un côté biologique et un côté informationnel, lequel justement tient dans ces deux mots : « le virus ».

Un peu comme, dans la tradition juive, le nom de Dieu est sacré, les mots « le virus » sont une partie de ce qu'ils désignent, une de ces incarnations.

Certes, le virus n'est pas le Dieu de Virusland. Il a beau être invisible. Nous pouvons en chercher la présence et les signes partout, dans l'air qui nous environne, à la surface des choses, et dans les humains qui nous entourent. Nous en sommes obsédés, il ne quitte guère notre pensée mais nous ne prions pas le virus : le virus est l'ennemi, un ennemi qui s'accompagne d'un autre ou possède un double, inconscient, *l'ennemi*.

Le virus n'a pas non plus créé Virusland comme le Dieu de la Genèse a créé l'univers. Le virus n'a pas créé la matière. Il l'a seulement structurée. Il en a déterminé la description. Avant d'entrer à Virusland, nous attribuions aux choses des propriétés en soi. Nous avions une certaine façon de distinguer le vrai et le faux. Cette distinction, nous l'avons vu, a été entièrement transformée. Le vrai, ou ce qui en tient lieu, c'est le viral. Le virus a remanié le régime épistémologique, changé donc les propriétés des choses (la Terre est certainement plate alors qu'elle ne l'était pas) et les rapports des corps entre eux (qui sont séparés par des gestes barrières) et notre rapport à notre propre corps.

La loi des grands nombres

La plaque violacée et bulleuse disparaît au bout de quelques jours. En revanche, le trajet à l'intérieur de la cuisse, les ganglions, restent douloureux. D'autant plus douloureux que j'y prête attention. À force de boiter et de marcher de travers, j'ai pu aussi me froisser un muscle. Ou alors c'est l'infection qui s'installe. J'hésite à prendre les antibiotiques. Comme il faut les prendre à l'heure des repas, j'hésite à tous les repas.

Finalement, c'est la loi des grands nombres, je me décide à commencer le traitement.

Les ganglions disparaissent mais ils peuvent aussi disparaître d'eux-mêmes ou malgré les antibiotiques.

Évidemment, je préférerais avoir été touché par le virus et immunisé à bon compte.

Le menteur

Les termes « hétérologiques » et « homologiques » ont été inventés au début du xxe siècle à l'occasion d'un paradoxe, imaginé par le philosophe Bertrand Russell. Pour raconter un peu vite une histoire qui serait un peu longue, Russell, remarquant l'existence de mots « hétérologiques », qui ne s'appliquent pas à eux-mêmes et de mots « homologiques », qui s'appliquent à eux-mêmes, pose la question de savoir si le mot « hétérologique » s'applique à lui-même. Si c'est le cas, s'il s'applique à lui-même, alors il n'est pas hétérologique. Mais, s'il n'est pas hétérologique, alors il ne s'applique pas à lui-même donc il est hétérologique. Chacun des deux côtés de l'alternative reconduit à l'autre, indéfiniment.

Le paradoxe est comparable à celui du menteur. Le menteur dit : « Je mens. » Est-ce qu'il ment, ou est-ce qu'il dit la vérité ? S'il ment, en disant « je mens », il dit la vérité. Mais, s'il dit la vérité, en disant « je mens », il ment.

Les deux paradoxes reposent sur un même cercle : c'est un élément du langage qui se réfère à lui-même au lieu de se référer à autre chose, une réalité extérieure. Le mot « vert » se réfère à la couleur verte de l'herbe dans le jardin. La phrase « l'herbe est verte » se réfère à cet état de choses, le fait que l'herbe dans le jardin est verte, plutôt que violette comme elle pourrait l'être sous la mer ou sur une autre planète. En revanche, la phrase « je mens » ou « cette phrase que vous lisez en ce moment est fausse » (qui donne lieu au même paradoxe) se réfère à elle-même, comme les mots homologiques sont susceptibles de le faire.

En général, nous ne prenons pas ces énoncés logiquement, ou à la lettre. Si nous le faisons, nous sommes pris dans une sorte de cercle, une obsession, une alternative indéfinie et sans solution. Nous *buggons* au sens propre. Certains bugs, sur les ordinateurs, au niveau du « software », sont causés par de telles boucles : une série d'instructions ramène la machine en arrière et ne peut donc jamais être achevée. Mais justement, nous ne sommes pas des ordinateurs. Nous lisons ces énoncés autrement, avec une sorte de distance.

Par ailleurs, tous les mots homologiques ne sont pas dangereux. On peut bien dire que le mot « court » est court.

Le cas du mot « virus » est encore différent. L'usage viral du mot virus ne conduit à aucun paradoxe. Mais il n'est pas non plus inoffensif. Dans la mesure où les mots « le virus » incarnent ce qu'ils désignent, personne ne peut s'en déclarer indemne : « Je ne suis pas touché par le virus », « oh moi, ce virus ne m'intéresse pas beaucoup », « je n'ai pas peur du virus », « je me protège du virus ». On peut certes ne pas être touché par le virus sous son aspect biologique mais, en le disant, on contribue à faire circuler le virus informationnel qui a lui-même un effet biologique. Ce sont des phrases contradictoires qui redonnent lieu à ce qu'elles sont censées écarter. Nous sommes dans la situation de Kant, ou celle de Brunschvicg, qui se donne pour consigne de penser à ne pas penser.

À Virusland, il est impossible de faire sécession : impossible de se déclarer extérieur, ou étranger au virus. Tout ce que l'on peut faire, c'est tenter d'établir des gestes barrières, rester chez soi, se replier sur soi-même, sauf qu'il reste encore entre soi et soi-même cet extérieur, la peau qui s'irrite, par où s'introduisent toutes sortes de microbes, et le virus.

Un rôti

– Hier je me suis fait un rôti pour moi toute seule. Et puis au moment de le découper, ça m'a fait peur, je me suis dit : « Ma petite, ça fait un mois que t'as rien touché de vivant. »

Nous vivons peut-être dans un monde de choses qui sont mortes sous nos mains. Les yeux continueraient à voir des vivants mais ceux-ci prendraient quelque chose d'abstrait : ils s'éloigneraient, ou se désincarneraient, comme des fantômes, ou des esprits. Dans le registre du toucher, tout serait mort, inanimé, sauf soi-même, son propre corps qu'on ne peut pas s'empêcher, mais qu'il faut éviter, de toucher. Il suffirait de fermer les yeux et les oreilles, ou d'attendre que le dernier promeneur quitte son banc, pour rester dans la réalité sensible le seul vivant.

Le front de mer, qui, au début du confinement, était interdit à la promenade, semble maintenant faire l'objet d'une tolérance spéciale. En fin de journée, il y a toujours des gens sur les bancs. Certains parlent au téléphone. La distance semble libérer la parole. On dit au téléphone ce que l'on ne dirait pas face à face.

Je m'aperçois que, tout en regardant le soleil descendre sur l'horizon, je ne peux pas m'empêcher de vérifier à intervalles réguliers que j'ai bien mon attestation, ou qu'elle est signée, ou je sors mon téléphone pour vérifier la date. Je ne suis pas le seul. Je vois des promeneurs qui s'arrêtent brusquement, et fouillent dans leurs poches pour en tirer le même papier froissé et sale. C'est un TOC, comme, chez soi, s'assurer que la porte d'entrée est bien fermée. Un TOC nouveau que nous développons tous ensemble.

Plusieurs points

Cette fois-ci, les enfants ne figurent pas sur le devant de la scène, dans les titres des journaux, mais en page 3, ou 4. Ou c'est à la radio un bref reportage à l'hôpital. Des enfants donc, une quinzaine dans ce pays, d'autres ailleurs, sont atteints d'une maladie mystérieuse, qui touche l'intestin, le cœur, les poumons.

Le doute, informulé dans les journaux, reste pourtant dans l'esprit : et si le virus avait muté pour s'attaquer aux enfants ?

Je fais lire la première partie de mon texte à G. Elle me dit : « Oui mais si le virus s'attaquait aux enfants, au lieu de tuer les vieillards dans le EHPAD, si tu croyais ton fils menacé, est-ce que tu écrirais la même chose ? Est-ce que tu critiquerais le confinement en ces termes ? Est-ce que tu resterais un ennemi de l'État qui ne peut pas rester chez soi ? »

Je ne sais pas.

Pourtant, je ne refuse pas le confinement, je raconte comme j'ai du mal à le supporter. Je n'argumente pas contre le confinement. Ou, plus exactement, je ne dis pas que le confinement, et l'ensemble des restrictions de liberté qui définissent Virusland, ne sont pas, dans la situation, les meilleures mesures à prendre. Je le mets en doute mais je n'affirme pas le contraire. Je le mets en doute et j'essaye d'analyser cette forme de vie : dans quel imaginaire elle s'inscrit, en quoi elle consiste, quelles en sont les conséquences, où possiblement elle nous conduit.

Il y a plusieurs points.

1. Je soutiens que le confinement n'est pas une simple réaction face au virus. Ce n'est pas un effet du virus, comme l'éternuement est l'effet de la présence du virus (ou de certains virus) dans le corps humain. On pourrait ne rien faire, laisser le virus se disséminer dans la population. Ou tenter autre chose. Le confinement, et ce qui va avec, est une forme de vie, qui est apparue dans une région éloignée, au pays de la Muraille, et s'est ensuite propagée. Comme le virus.

2. Le confinement est-il médicalement la meilleure stratégie face au virus ? C'est-à-dire, en ignorant tout le reste, et le fait que nous ne sommes pas seulement des corps susceptibles d'être contaminés par un virus, le confinement est-il la meilleure façon d'enrayer l'épidémie biologique ? Certains médecins, des épidémiologistes qui ont tous les titres et les qualifications souhaitables, affirment le contraire. Ils sont peu nombreux, c'est vrai, mais les questions scientifiques ne se décident pas au vote (pas même à Virusland, où elles se décideraient plutôt par viralité). En tout cas, pour ma part, je ne suis pas médecin. Je ne peux pas prendre position dans ce débat. Je peux seulement poser la question.

3. Le confinement est-il socialement la meilleure stratégie possible ? Puisque nous ne sommes pas seulement

des corps mais que nous avons des angoisses que le confinement accentue (et qui peuvent affecter notre système immunitaire), et des addictions, à l'alcool par exemple, que le confinement accentue aussi, et que nous vivons dans une économie que le confinement semble devoir mettre durablement en crise, le confinement est-il, dans la situation, face à ce virus, la stratégie qui crée le moins de misère ? Ou le moins de morts et le moins de malheur ?

À cette question, personne ne peut répondre. Ce n'est forcément pas qu'elle échappe en principe à nos sciences. Nous avons une médecine qui prétend avoir des modèles pour calculer le nombre de morts occasionnés par un virus avec tels taux de mortalité et de contagion. Nous avons une économie et une sociologie qui prétendent aussi avoir des modèles pour calculer les conséquences de telles ou telles mesures. Seulement, en acceptant même les prétentions de ces sciences, personne ne peut embrasser l'ensemble des paramètres en jeu, et affirmer donc que le confinement est, ou non, la meilleure stratégie possible.

Ensuite, il n'est pas certain que nous puissions accepter les prétentions de ces sciences. À l'heure actuelle, la médecine, l'économie, la sociologie n'ont pas le degré de certitude de la physique, ni celui des mathématiques. C'est une question, et une question différente, de savoir si ces sciences, disons humaines, peuvent acquérir le même type de certitude, et les mêmes méthodes de validation que la physique et les mathématiques. Quoi qu'il en soit, à l'heure actuelle, elles ne les ont pas.

4. En admettant même que le confinement soit la meilleure stratégie, à tous les points de vue, médical et

social, cela ne doit pas nous empêcher de l'analyser, d'autant plus que Virusland ne se définit pas seulement par le confinement, l'injonction à rester chez soi. Le confinement s'accompagne d'un imaginaire (« la guerre contre l'ennemi invisible »), et de gestes (ces fameux « gestes barrière ») et de technologies sans lesquelles il n'y aurait ni télétravail, ni téléchargement de nos distractions. Se met en place à Virusland une forme de vie, nouvelle, qui modifie jusqu'au régime épistémologique. Quels en sont les éléments essentiels, les fondements et les conséquences possibles ?

La peur du virus ne doit pas nous interdire cette analyse, ni masquer la singularité de la forme de vie que nous avons adoptée depuis quelques semaines. Cette forme de vie peut être, ou non, justifiée par la dangerosité du virus. Elle a, dans tous les cas, des caractères, une cohésion propre qu'il s'agit de décrire. C'est bien pourquoi la scène se situe dans une station balnéaire, à l'écart, où l'on peut faire abstraction du virus biologique, où il n'y a pas non plus de misère sociale mais un confinement rigoureux.

Reste la question de savoir si je tenterai la même analyse si le virus touchait plus particulièrement les enfants, ou si je me sentais moi-même menacé : est-ce que je réussirais à me situer dans Virusland mais à l'écart du virus ? C'est une autre question. Il y a d'autres points, du reste, que j'aurais dû aborder dans cette discussion : celle de savoir si, ou dans quelle mesure, l'État, ou chacun d'entre nous, peut légitimement choisir une stratégie sociale, soit-elle la meilleure, si elle sacrifie les uns pour sauver les autres.

Ces questions, je les garde en mémoire pour la suite.

Les chats

J'aurais pensé que l'étrangeté de Virusland s'estomperait plus vite. Mais il faut du temps pour remarquer toutes les transformations que notre enfermement produit : le silence, par exemple, les jours gris, quand les gens ne sortent pas et que même les joggers abandonnent les rues. Ce n'est pas exactement le silence, mais une rumeur du paysage qui est habituellement recouverte par le bruit des voitures : la pluie tombant mollement, les arbres qui gouttent, les rouleaux de l'océan, très loin.

En fin de journée, les chats prennent possession des rues désertes. Ce sont des chats sauvages, que l'on ne voyait pas, qui se cachaient dans les jardins et les terrains vagues, vivant des poubelles et de quelques oiseaux. En l'absence des humains, ils abandonnent leurs tanières et leurs territoires secrets. On en voit le soir assis sur le bitume, appuyés sur leurs pattes avant. Il y en a trois ou quatre occupés dans un colloque silencieux. Ils suivent des yeux le promeneur. Ils n'en ont pas peur. C'est moi qui me vois dans leurs yeux comme un intrus, ou un fantôme, une apparition sortie du passé, du temps où ce monde appartenait aux humains. Ils semblent savoir quelque chose que les humains ignorent encore.

Je suis sur Internet l'évolution de plusieurs théories du complot. Je m'intéresse aux plus farfelues. Un blogueur, qui a tout un cercle d'auditeurs, des centaines de milliers d'auditeurs, prétend qu'une comète s'approche de la Terre qui va entièrement détruire les humains. Certains le savent, dit-il, pas forcément notre Président, ni le gouvernement, qui sont eux-mêmes des gens un peu naïfs. Ce serait un groupe mystérieux composé de scientifiques, quelques patrons de multinationales numériques et des éminences grises, des hommes d'influence. Ils nous auraient fait enfermer, pour nous empêcher le soir de regarder le ciel étoilé au-dessus de l'océan, et ce point lumineux qui se rapproche.

On dit que les animaux sentent l'orage arriver et les éclipses et d'autres phénomènes du même genre, avant que les humains ne les perçoivent. J'imagine que les chats ont pressenti le passage de la comète.

Plus exactement, j'imagine une nouvelle qui le raconterait. Comment les chats envahissent les rues, ne craignant plus les humains, les observant d'un œil indifférent, parce qu'ils savent ce que les humains ne savent pas encore, à savoir que ces derniers sont amenés à disparaître.

Je préférerais la lire, évidemment, que de seulement l'imaginer. La lire par exemple dans le style de Stephen King ou, ce qui lui correspondrait mieux, de Fritz Leiber.

Gestes Barrières

J'étais en train de travailler sur les notes précédentes quand on sonne à la porte. De la fenêtre, je reconnais le plombier. Je descends, j'ouvre la porte et machinalement je tends la main en avant. L'homme sursaute et lève les mains en l'air. À le voir ainsi, on pourrait croire que, dans un western, ou un hold-up, je le menace d'un revolver. Son geste en réalité a pour but de mettre entre ses mains et la mienne la plus grande distance possible. Il me dit :

– *On n'a plus le droit, je crois.*

C'est vrai, je l'avais oublié, on ne se serre pas la main à Virusland. Je m'excuse mais, dans le fond, j'y vois un excellent signe pour mon équilibre intérieur : plongé dans la description de Virusland, j'ai pu oublier que j'y vivais réellement.

Le mouvement du plombier, qui lève brusquement les mains que je cherche à serrer, doit se ranger dans la catégorie des « gestes barrières ». L'expression est trompeuse. Dans le geste barrière, on voudrait imaginer quelque chose comme la manchette du karatéka qui frappe, en poussant un cri, l'avant-bras qui se tend vers lui. Lui fait barrière contre l'agresseur alors que les « gestes barrières », tels qu'on les entend à Virusland, sont plutôt des non-gestes. C'est justement *éviter* de serrer les mains, embrasser, échanger des pièces de monnaie. Le seul geste à proprement parler dans la liste qu'énumèrent tous les quarts d'heure les chaînes d'information est de se laver les mains. Mais il consiste également, plutôt qu'à dresser une barrière, à faire le vide, en quelque sorte, autour de sa peau.

Il vaudrait mieux parler de gestes d'évitement, ou de gestes-bulles consistant à se maintenir au centre d'une bulle invisible dans laquelle aucun autre corps vivant ne pénètre. Le terme de barrière, de geste barrière, a sans doute été choisi parce qu'il évoque une activité qui irait de pair avec la mobilisation générale et la guerre contre l'ennemi invisible.

Je dois dire que, quand je ne suis pas distrait par autre chose, je les respecte scrupuleusement. Je n'y ai aucun mal. Je n'aime pas les contacts, les gens qui vous embrassent, ou vous tapent sur les épaules, ou se tiennent trop près dans le métro ou les files d'attente. C'est seulement le geste de serrer la main que l'habitude a dû ancrer dans mon cerveau.

– Le monsieur derrière moi ne respectait les distances de sécurité. Je lui ai dit. Il a pas bougé.

J'imagine la scène, devant la boutique du pâtissier : la queue s'étend sur l'avenue piétonnière. Il y a quatre ou cinq personnes, espacées de deux mètres environ. Puis arrive ce monsieur, pressé, croyant peut-être ainsi gagner du temps, qui se tient un peu trop près de la dame. Un grand cri. Un geste barrière. Le monsieur est couché, plié en deux sur le pavé.

Quel dommage que l'ennemi soit invisible, et les gestes barrières une absence de geste.

En Lourdanie

J'envisage d'écrire une fable (dans la veine de Calvino, si j'y arrivais) autour d'un roi, sur une île, qui déciderait de partir en guerre contre la pesanteur. Un matin, en se levant et trébuchant sur sa pantoufle, il se rendrait compte, le nez sur le parquet, que la pesanteur est un ennemi invisible. Elle est invisible, pas de doute, et elle est capable de tuer : lui-même aurait pu se casser le cou. Le roi apprendrait un peu plus tard, en Conseil des ministres, que son gouvernement a tellement réduit le nombre de lits disponibles dans l'unique hôpital de l'île (appelons-la la Lourdanie) que les accidents de la vie quotidienne menacent en effet de saturer le système de santé.

Je passe une petite heure à chercher sur Internet le nombre de morts dans le monde dû à la pesanteur. Je trouve celui des victimes de la route, du tabac et de l'alcool mais il semble que personne n'ait pensé à calculer le nombre d'hospitalisations causées par la pesanteur. Ce qui montre bien comme celle-ci est un ennemi insidieux. Comme le virus, elle s'attaque particulièrement aux personnes âgées. Malgré des exceptions qui sont toujours dramatiques, les enfants sont relativement peu touchés. Ils tombent beaucoup mais se relèvent en général avec facilité. C'est un mauvais exemple, un exemple contagieux, pour les adultes qui risquent de vouloir les imiter sur la planche de skate. En Lourdanie, les écoles sont donc fermées et, la mesure n'étant pas suffisante, l'ensemble des habitants enjoints de rester au lit. Seuls sont autorisés à se lever les personnels soignants, les travailleurs de la chaîne alimentaire et ceux de la NASA locale, qui est chargée de préparer dans l'urgence un grand programme de colonisation spatiale qui nous débarrasserait une fois pour toutes de la pesanteur. Les journaux télévisés commencent systématiquement par des reportages dans les hôpitaux montrant les dégâts causés par l'ennemi invisible. On y montre des bras cassés, des opérations du genou, des crânes traumatisés. Les téléspectateurs tremblent et remontent leur couverture jusqu'au menton. Un syndicat de Lourdanie lance un appel à la grève pour exiger que le gouvernement fournisse aux travailleurs des vêtements spéciaux, matelassés aux coudes et sous les fesses pour amortir les possibles chocs.

Je ne dis nullement que ce syndicat a tort. Du reste, les couturières et couturiers de l'île se mettent immédiatement au travail, de leur lit, pour fabriquer bénévolement des coussinets homologués qui sont distribués aux héros de la lutte contre la pesanteur.

Panpsychisme

Peut-on faire la guerre à un ennemi qui n'est pas humain ? C'est une image confuse qui me vient de la petite enfance : je revois ma grand-mère, sur le perron devant le jardin, un râteau à la main, annonçant qu'elle part en guerre contre les mauvaises herbes. Évidemment, elle doit sourire. C'est une forme de plaisanterie, ou de l'ironie. En disant cela, elle prête aux mauvaises herbes une malignité particulière.

On ne part pas en guerre contre un simple phénomène physique. Cela n'a pas de sens. Pour entrer en guerre contre un virus, ou des mauvaises herbes, il faut leur prêter quelque chose d'humain, des mauvaises intentions, une malveillance et une intelligence, une volonté de nuire, analogues aux nôtres. Faire du virus un ennemi revient à l'humaniser, en lui attribuant, comme ma grand-mère aux mauvaises herbes, une malveillance spécifiquement tournée contre nous. Le problème est que ma grand-mère ne croyait pas réellement à la malveillance du lierre qu'elle arrachait alors que notre Président semble prendre la formule au sérieux.

Le virus comme ennemi pourrait évoquer un panpsychisme, qui considère les phénomènes naturels comme des émanations de l'esprit, susceptibles donc de posséder des intentions. C'est refuser qu'il existe dans l'univers des phénomènes comme la pesanteur, les virus, les mauvaises herbes, qui n'ont rien d'humain, ne nous ressemblent pas, ne sont ni bienveillants ni malveillants. L'humain devient alors la mesure, ou le modèle, de l'univers, et on fait abstraction de ce qu'il pourrait justement disparaître, dans une série de catastrophes climatiques, ou une gigantesque pandémie : la Terre n'en continuerait pas moins de tourner, peuplée d'autres espèces vivantes, ou absolument désertique (selon que l'humain a entraîné ou non toute la vie dans sa propre disparition), en tout cas inhumaine.

Paranoïa

Celle-ci amène le sujet à lire dans les hasards de la vie, ou dans ses coïncidences, une volonté unique, un désir de nuire, tourné contre lui. Ces malheurs qui nous tombent dessus ne sont pas le fruit du hasard : c'est quelqu'un, ou quelques-uns, qui les produisent. Comme la phobie, cette focalisation a pour fonction de délivrer le sujet d'un trouble qu'il ne peut pas affronter, ou qu'il peut alors ne pas affronter : un sentiment de culpabilité qui se dénoue lorsque le sujet imagine qu'un autre s'apprête à le punir ; ou d'une angoisse existentielle, puisqu'il est finalement plus rassurant de penser qu'un autre humain nous en veut plutôt que d'accepter que les choses, dans leur indifférence, le mécanisme de la vie, finiront, à plus ou moins long terme, par avoir notre peau.

La paranoïa, la phobie, comme les allergies, sont des mécanismes de défense qui tournent mal, qui s'emballent, prennent une sorte d'autonomie et détruisent le sujet qu'elles devaient protéger.

Il y a déjà de la paranoïa dans « la guerre contre l'ennemi invisible », dans la mesure où l'expression fait du virus autre chose qu'un phénomène naturel, pour lui attribuer une malfaisance contre laquelle nous pouvons alors partir en guerre.

Les théories du complot reprennent plus explicitement la même orientation. Il nous est insupportable de penser que nous puissions être menacés par un phénomène naturel. C'est notre contingence, dirait Sartre, que nous ne pouvons pas accepter : le fait de pouvoir mourir ou disparaître sans raison, ou sans raison valable. Alors nous imaginons derrière le phénomène physique une intention quasi humaine et, dans les théories du complot, tout à fait humaine.

La plus en vogue des théories du complot associe le virus à la 5G, cette cinquième génération de la téléphonie mobile, qui permettra à nos appareils d'échanger des informations plus rapidement. Un prédicateur américain, qui voulait réunir ses fidèles malgré le virus, a ainsi déclaré que les autorités nous enfermaient pour installer la 5G sans être dérangées.

Il existe de multiples variations sur le thème. Le virus n'existerait pas, ce seraient la 5G, des ondes liées à ces nouvelles antennes, qui nous rendraient malades. Ou alors ce que l'on prend pour un virus ne serait que des débris de cellules qui explosent en vibrant sous l'effet des ondes.

> *Faux. Le coronavirus SARS-CoV-2 existe bel et bien, tout comme la maladie qu'il provoque, la Covid-19. On dispose même de photos du virus prises au microscope électronique*[31].

La photographie, initialement, était le résultat direct d'un processus physique : la lumière, passant à travers une lentille et une chambre obscure, puis s'imprimant sur une plaque de verre recouverte de bromure d'argent. L'humain, le photographe, n'intervenait que pour déclencher l'opération. Évidemment, il avait aussi la possibilité d'influencer le processus physique : superposer deux images par exemple en utilisant deux fois la même plaque de verre. Le photomontage est aussi vieux que la photographie. Certains photographiaient des fantômes, d'autres la pensée.

Mais, à Virusland, les photographies qui circulent sur les écrans sont toujours refaçonnées par des algorithmes qui en précisent les contours, ou en harmonisent les couleurs pour les rendre conformes à un style attendu. Certains algorithmes sont même capables de générer des paysages que l'œil humain jugera naturels. Les images ne « montrent » donc le virus que dans le contexte d'une confiance envers l'auteur (qui aurait aussi bien pu les fabriquer sur son ordinateur, sans microscope électronique) et dans un contexte théorique qui fait voir au scientifique un « virus » dans ces zones plus sombres sur son écran.

Les photographies du virus ont pour fonction de jouer elles-mêmes comme virus informationnel. En tant que telles, circulant dans le réseau, elles ne détruisent pas le virus du complot mais prennent sa place dans ces récepteurs à virus que sont nos yeux, collés aux écrans. Le régime épistémologique est bien celui de la viralité. Vrai est ce qui est viral.

Règne pourtant dans Virusland la nostalgie d'un régime épistémologique tout autre, quand les photographies pouvaient valoir comme preuve d'une réalité que le photographe aurait capturée.

Peut-être les photographies du virus ont-elles aussi pour fonction de donner finalement sinon un visage du moins une silhouette à l'ennemi : c'est lui, il est là.

On peut pas parler d'autre chose ?

– *On peut pas parler d'autre chose ?*

– *Ça m'angoisse énormément de voir des pignoufs qui respectent pas les règles.*

– *Arrête de juger les gens. C'est fatigant.*

– *Mes voisins, hier, faisaient un barbecue chez eux. Ils étaient bourrés comme des coings.*

– *Faut les dénoncer quand ça arrive parce que ça veut dire un mois de plus pour nous tous entre quatre murs.*

– *J'ai un sentiment d'injustice. Moi, je joue le jeu. Je comprends pas.*

Cogito

Le commencement de l'hiver m'arrêta en un quartier où, ne trouvant aucune conversation qui me divertît, et n'ayant d'ailleurs, par bonheur, aucuns soins ni passions qui me troublassent, je demeurais tout le jour enfermé seul dans un poêle, où j'avais tout le loisir de m'entretenir de mes pensées[32].

Descartes est en Allemagne. Il vient de quitter l'armée. L'hiver le surprend sur le chemin du retour. Il s'installe dans un « poêle », une petite maison, dont le tuyau de cheminée au lieu de monter tout droit, circule dans les murs et réchauffe l'unique pièce. Descartes se confine bien au chaud tout un hiver. Ce séjour n'est pas inutile. Descartes y met au point une méthode pour les sciences et une morale provisoire pour se diriger dans la vie. La morale reste provisoire car elle n'est pas tirée des sciences, d'un savoir bien fondé, bien qu'en principe, elle le devrait l'être, si les situations de la vie n'étaient pas si compliquées.

La première règle en est, pour ce qui ne touche ni à la religion, ni à la science, de suivre sans excès l'exemple de ceux parmi lesquels on vit : « Me gouvernant – écrit Descartes – en toute autre chose suivant les opinions les plus modérées et les plus éloignées de l'excès qui fussent communément reçues en pratique par les mieux sensés de ceux avec lesquels j'aurai à vivre[33]. »

Le problème dans la vie, et à la différence de ce qui se passe dans les sciences, est que l'on peut rarement ramener la situation à des principes dont on pourrait tirer une conclusion certaine. En l'absence de certitude, il vaut mieux faire comme tout le monde.

En période de confinement, non pas solitaire et volontaire comme un hiver dans un poêle, mais général et imposé, comme il l'est à Virusland, la conséquence de cette règle serait que, à moins de prouver que le confinement est néfaste, il faudrait s'y plier, se laisser gagner par la contagion claustrophile ou le prétendre. Descartes, cependant, semble n'en faire qu'à sa tête. Il voyage et se confine quand il n'a rien de mieux à faire. Après quelques mois, Descartes se rend compte qu'il fera plus de progrès « en conversant avec les hommes qu'en demeurant plus longtemps renfermé dans le poêle où [il] avait eu toutes ces pensées. L'hiver n'était pas encore bien achevé que [il se] remit à voyager[34] ».

Descartes donc voyage, pendant neuf ans, il ne dit pas exactement où il va, peut-être en Italie. Il finit par s'installer en Hollande. Les Hollandais sont des marchands qui s'occupent de leurs bateaux et de leurs affaires et laissent tranquille le philosophe qui bénéficie à la fois du confort de la ville et de la solitude d'un désert : « Parmi la foule d'un grand peuple fort actif, et plus soigneux de ses propres affaires que curieux de celles d'autrui, sans manquer d'aucune des commodités qui sont dans les villes les plus fréquentées, j'ai pu vivre aussi solitaire et retiré que dans les déserts les plus écartés[35]. »

C'est un deuxième confinement. Les *Méditations* se déroulent tout entières dans une chambre, où Descartes écrit près du feu. Il cherche un fondement, une proposition vraie et dont on sache qu'elle est vraie, sur laquelle il pourra asseoir la connaissance scientifique. Or ce fondement ne peut pas venir ni des livres, ni de ce, plus largement, qu'on lui a enseigné et qui s'est parfois révélé faux. Il ne peut pas non plus venir des perceptions extérieures qui nous trompent aussi. Dans le rêve, c'est même tout un environnement que l'on croit percevoir, dans lequel on se croit plongé, alors qu'on dort dans son lit. Se pourrait-il que je sois en ce moment en train de rêver ? Se pourrait-il que tout ce que je crois savoir, que 2 et 2 font 4, que je suis assis à mon bureau, que la Terre tourne, soit faux ? Imaginons que tout soit faux, comme dans un rêve mais en pire. Descartes recourt à une fiction. Il fait l'hypothèse d'un Malin Génie qui le tromperait, lui donnerait de fausses évidences dans les sciences et l'illusion de vivre dans cette chambre, disposant d'un corps humain.

> *Je supposerai donc qu'il y a un certain mauvais génie, non moins rusé et trompeur que puissant, qui a employé toute son industrie à me tromper. Je penserai que le ciel, l'air, la terre, les couleurs, les figures, les sons et toutes les choses extérieures que nous voyons, ne sont que des illusions et tromperies, dont il se sert pour surprendre ma crédulité. Je me considérerai moi-même comme n'ayant point de mains, point d'yeux, point de chair, point de sang, comme n'ayant aucun sens, mais croyant faussement avoir toutes ces choses*[36].

Cependant, Descartes se rend compte qu'il y a une chose sur laquelle ce Malin Génie ne peut pas le tromper : sa propre existence. Admettons donc que le monde extérieur ne soit qu'une illusion orchestrée par un Malin Génie. Cette illusion peut-elle s'étendre à ma propre existence ? Peut-être n'ai-je pas de corps, ou pas ce corps. Mais, pour douter de tout, y compris de mon corps, il faut bien que j'existe, sous une forme ou sous une autre. Le Malin Génie n'y peut rien : « Qu'il me trompe tant qu'il voudra, il ne saurait jamais faire que je ne sois rien, tant que je penserai être quelque chose… *Je suis, j'existe*, est nécessairement vraie, toutes les fois que je la prononce, ou que je la conçois en mon esprit[37]. »

Quoi qu'il en soit du rêve, des illusions, des opinions reçues, le seul fait d'imaginer un Malin Génie, l'expérience même de cette pensée, m'assure de mon existence, moi qui pense. Mon corps, avec la forme que je lui connais, peut être une illusion, mais je conserve une existence dans la pensée. Le cogito ne prouve pas mon existence en tant qu'humain mais en tant que sujet d'une pensée ou, dans les mots de Descartes, une chose, ou une substance, pensante, c'est-à-dire un esprit, une âme, qu'il lui faudra ensuite réunir à un corps.

Ainsi, le confinement, la distance prise avec la vie extérieure, ramène le philosophe à son existence la plus essentielle. Il y découvre ce qu'il est avant tout : une chose qui pense.

On pourrait tirer une conclusion analogue du confinement de Proust, qui ne quitte plus sa chambre pour écrire son roman. Il y raconte sa vie et la découvre. *La Recherche du temps perdu* met en lumière une « vie vraie », dont l'écrivain n'avait pas conscience pendant qu'il la vivait, parce qu'il était occupé de mille détails mais que l'écriture, et l'écriture confinée, lui révèle comme étant le centre de son être.

Évidemment, ni Descartes, ni Proust, ne connaissaient les virus informationnels. Ils ne leur connaissaient pas du moins l'intensité, la charge, que nos technologies de communication leur donnent.

Bains

La dernière voiture de police passe à 19 h 35. Elle rentre au poste. On l'entend de loin, parce qu'elle est seule à rouler dans le quartier. Quand elle a disparu derrière la cote qui précède le centre du bourg, le boulevard retombe dans le silence. Peu à peu, il se peuple des chants d'oiseaux, du grincement des pins qui se balancent dans le vent et des voix humaines.

De loin en loin, des portails s'ouvrent et quelques silhouettes se glissent furtivement dans les allées qui mènent vers la mer. Nous sommes plusieurs à attendre le passage de la dernière voiture et cette liberté retrouvée, pour descendre sur la plage. On se salue quand on se croise.

Certains fument des cigarettes, appuyés sur le muret qui borde les villas. D'autres promènent un chien. Ceux-là se succèdent sur la plage jusque tard dans la nuit.

Je sors pour me baigner. Je nage quelques minutes dans ce large ruban jaune, aveuglant, que pose le soleil sur la mer. Je me mets sur le dos, le ciel au-dessus de moi est bleu marine, violet, puis je rentre vers le bord en regardant les riches villas qui surplombent la plage. Quelques-unes sont ouvertes. L'eau est glacée. Je suis obligé de porter une combinaison.

Parfois, quand je remonte dans l'allée, les derniers applaudissements retentissent encore et des bruits de casseroles. Une famille, toujours la même, lance des cris depuis un balcon au-dessus des arbousiers. C'est le rituel. On encourage les soignants.

J'ai beau me dire que mon bain ne dérange en rien leur travail, que le fumeur le plus proche se trouvait bien à quinze mètres de l'escalier près duquel je me suis changé : nous étions à peine à portée de voix, nous n'avons pu échanger aucun virus mais un bonjour tout juste audible. Ce sont des raisonnements abstraits. Je fixe la cime des pins pour éviter le regard des familles.

Je me demande même pourquoi je me baigne. L'eau salée ravive mes démangeaisons. Le premier contact est particulièrement désagréable, ce moment où l'eau froide pénètre dans la combinaison, par les ouvertures des bras, des jambes et la fermeture éclair dans le dos. Je ne sais pas bien moi-même si je veux narguer les voisins, si je cherche à mimer, donner corps à, de beaux jours de printemps, heureux, sans virus ni interdits, ou si quelque chose en moi, un *ennemi*, malgré le froid et les irritations, malgré moi-même aussi qui appréhende cet instant, se détend et prend plaisir à flotter, heurter les petites vagues, glisser dans les reflets plus chauds du soleil. C'est possible aussi.

Plusieurs semaines, il me semble, que les voisins ne sortent pas, sinon lui pour prendre les livraisons sur le perron et, le dimanche soir, s'occuper des poubelles. L'idéal serait que les livraisons se fassent par drones, l'appareil descendant du ciel pour déposer les cartons sur la terrasse ou sur le toit. J'ai entendu dire qu'Amazon testait des drones. Les poubelles seraient aussi ramassées par des robots. Ces machines ne sont pas sensibles aux mêmes virus que les humains. Le confinement est venu un peu trop tôt. Les machines auraient pu non pas établir le contact entre les humains mais priver, ou délivrer, les humains de tout contact entre eux : leur permettre de vivre chacun dans sa cellule, reliés seulement à une machine-mère leur fournissant de quoi manger et se distraire, nourritures terrestres et spirituelles.

Le joueur de pipeau

But though I confined my family, I could not prevail upon my unsatisfied curiosity to stay within entirely myself; and though I generally came frightened and terrified home, yet I could not restrain[38].

Le narrateur du *Journal de l'année de la peste* parcourt une ville peuplée d'horreurs. Les ravages de la peste ne sont pas comparables à ceux du virus. Le soir, les rues sont encombrées de cadavres que l'on sort des maisons pour que les ramasseurs les emmènent dans leurs chariots. Des fenêtres ne jaillissent pas des applaudissements mais des cris de douleurs et de désespoir des malades et des familles qui se savent alors condamnées. Les maisons où la peste s'est déclarée sont murées et surveillées par un garde qui empêche les occupants de sortir et de disséminer la bactérie. Des familles entières meurent ainsi.

Pourtant, Defoe décrit aussi au début de l'épidémie le départ précipité d'une partie des Londoniens. Parmi ceux qui restent, certains se confinent entassant les provisions et fermant complètement leurs maisons. D'autres s'installent dans des bateaux amarrés au large sur le fleuve. Au cours de l'une de ses pérégrinations, le narrateur engage la conversation avec un batelier, chargé d'amener les nouvelles et des provisions fraîches aux occupants des navires. Lui-même ne monte pas à bord. Il crie à distance ou attache ses paquets à une corde que les autres hissent par-dessus les bastingages. Les habitants de la ville font leur possible pour rester à distance les uns des autres. Ils marchent sur la chaussée, désertée de tout véhicule, pour laisser entre eux plus d'espace. Ils évitent de se toucher ou même de toucher ce que les autres viennent de toucher. Le boucher laisse ses clients déposer le prix de leurs achats dans une boîte, y prendre leur monnaie, s'ils n'ont pas pu faire l'appoint. Certains se couvrent le visage avec des linges imprégnés de vinaigre.

Les plus exposés sont les croque-morts qui ramassent les cadavres, exposés à la maladie, à l'horreur et à d'étranges mésaventures. Un joueur de pipeau, à moitié affamé mais certainement ivre, s'était ainsi endormi sur un pas-de-porte, devant une maison pestiférée. Le soir venu, les occupants ont sorti un cadavre, un des leurs. Quand les ramasseurs sont arrivés, ils ont vu les deux corps, qu'ils ont chargés sur leur brancard, pour éviter de les toucher, et hissés sur leur chariot, où les cadavres en tas s'entremêlent. Arrivé au cimetière, près de la fosse où on jette les morts, le chariot s'arrête. Cet arrêt brusque, qui rompt le continuel brinquebalement, réveille le musicien, qui passe avec peine la tête entre les cadavres :

– *Où suis-je ?*, demande-t-il puis regardant autour de lui. *Je suis mort*[39] *?*

Les croque-morts auraient pu, c'est vrai, reprendre avec lui le raisonnement de Descartes. Ils lui auraient dit, en substance : « Tu doutes de ta propre existence ? Mais, pour douter, pour penser, il faut bien que tu existes. Ton corps est peut-être mort, encore que, puisque tu parles, il doit être un peu vivant. En tout cas, même si ton corps était mort, toi qui doutes, toi qui penses, tu existerais. Tu existes en tant que chose pensante. » Et le joueur de pipeau n'aurait pu manquer de se laisser convaincre. Il aurait répondu : « Vous avez raison, c'est incontestable. Je pense donc je suis. »

Sauf que dans ce cimetière, à la nuit tombée, éclairé seulement par la lune, personne ne songe à tenir ce raisonnement. Les croque-morts commencent par s'enfuir. L'un d'eux se reprend.

– *He*, s'écrie-t-il, *Y'en a un qu'est pas tout à fait mort.*

Tout se passe à l'envers dans les *Méditations* de Descartes. Le philosophe, confiné dans sa chambre, ne peut pas douter de sa propre existence en tant que chose pensante. En revanche, regardant les passants par la fenêtre, il peut penser qu'eux sont morts : « Que vois-je de cette fenêtre, sinon des chapeaux et des manteaux qui peuvent couvrir des spectres ou des hommes feints qui ne se remuent que par ressorts[40] ? »

Les croque-morts, passée la première surprise, ne doutent pas que le musicien soit bien vivant. C'est lui qui doute de son existence. Le raisonnement de Descartes, si on le reprend, plume à la main, dans une chambre isolée, à l'abri du dehors, est incontestable mais il n'est pas exclu que certains virus amènent à douter de sa propre existence ou nous rendent incapables de l'établir avec la même certitude.

TECHNOLOGIES

Quelques habitants, dans le journal de Defoe peuvent s'enfermer chez eux, ou dans un bateau au milieu du fleuve, avec des provisions. Pour recevoir des nouvelles, ils doivent cependant encore ouvrir la fenêtre, ou attendre qu'un batelier s'approche, entrer en contact avec un humain, en contact au sens large : à portée de voix. Les provisions, du reste, ne durent pas éternellement. À la fin, il leur faudra sortir, comme les autres, et travailler, produire de quoi se nourrir, ou s'ils ont du capital, c'est-à-dire pour Marx du travail sédimenté, échanger ce travail ancien, cristallisé dans l'argent ou dans l'or, contre un travail frais : acheter ce que les autres viennent de produire. Bref, les habitants de la ville pestiférée ne peuvent pas tous et totalement se confiner, s'enfermer dans des cellules isolées, parce qu'il leur faut sortir pour travailler et entrer en contact pour échanger des informations. Il leur manque nos technologies.

À dire vrai, ces technologies, à Virusland, nous ne les avons pas non plus tout à fait. Elles restent partielles mais nous rêvons à leur achèvement. Et c'est bien pourquoi, animés par ce rêve d'une automatisation complète, nous avons pu imaginer de tous nous confiner.

Ces technologies nécessaires à un confinement général entrent dans deux rubriques : l'automatisation et la télé-perception, la possibilité d'échanger des informations à distance. La conceptualisation de ces deux types de technologies remonte à la fin de la Deuxième Guerre mondiale. La guerre exige une production croissante en même temps que manque la force de travail. Comme à Virusland, on rêve de faire travailler des machines à la place des humains.

Automatisation

Dès 1948, dans sa cybernétique, Norbert Wiener annonce des usines automatiques qui fonctionneraient sans être humain : les machines suffisant à produire les marchandises sans qu'interviennent des ouvriers. Idéalement, ces machines pourraient aussi se réparer elles-mêmes, voire se construire les unes les autres. Ces automates auto-reproducteurs restent, dans l'esprit de Wiener, de la science-fiction. En revanche, les usines automatiques, Wiener les imagine voir le jour dans un futur proche : quinze ans, dit-il, en 1948. Son souci est que, dans le modèle social qui est encore le nôtre, elles produiraient une crise majeure. Elles réduiraient d'abord la plupart de l'humanité au chômage, ne laissant au travail (et du reste provisoirement) que quelques équipes de réparateurs et d'ingénieurs. Elles pourraient ensuite conduire à une offre surabondante et finalement à une destruction des ressources naturelles. Si personne n'y travaille, le propriétaire peut laisser tourner son usine indéfiniment et produire des chaussures, ou des pizzas, dont plus personne voudra et qui s'entasseront inutilement. Les usines automatiques exigent, pour Wiener, des transformations sociales et idéologiques. Socialement, il faut un système qui permette une planification de la production et une gestion raisonnée des ressources naturelles, un système aussi qui donne des conditions de vie décentes à cette part de l'humanité dont les machines accompliront le travail.

Idéologiquement, il s'agit de revaloriser le loisir : il ne suffit pas de recevoir un salaire universel pour accepter de ne pas travailler, il faut encore accepter que le sens de la vie n'est pas dans le travail, que le temps n'est pas de l'argent, et qu'il peut être dépensé dans des activités qui ne produisent rien d'immédiatement utile.

Les usines automatiques ne sont pas apparues dans les années soixante comme Wiener le prédisait. Nous avons fait des progrès dans cette direction : nos usines comptent moins d'ouvriers. Cependant, ni la production, ni la distribution ne sont automatisées. Il reste des agriculteurs et des ouvriers et des livreurs. Nous rêvons toujours de les remplacer par des machines. Il suffit de regarder les publicités qui circulent sur les plateformes numériques : on y voit des fermes automatiques, où les tomates sont cueillies par des petits robots sur roulettes avec des pinces délicates ; des usines, dont les bras articulés peuvent aussi bien monter des voitures que servir un café à des ouvriers étrangement désœuvrés ; d'immenses hangars à l'intérieur desquels des robots porteurs sélectionnent les marchandises que les utilisateurs humains ont commandées sur Internet ; des voitures qui se conduisent toutes seules pour livrer ces marchandises sur les pas-de-porte.

Ce ne sont que des films, des publicités, pour nous faire rêver. Ces machines n'existent pas encore et, à dire vrai, il n'est pas certain qu'elles existeront un jour. Pour ma part, moi qui ne suis pas roboticien, qui ne prétend pas prédire l'avenir des technologies (pas plus que mesurer les effets médicaux du confinement), je n'en sais rien. Je remarque seulement que ces images restent aujourd'hui, à Virusland, de l'ordre du rêve éveillé. Et ce rêve, réalisé, aurait pour effet de rendre possible un confinement rigoureux, où les agriculteurs ne seraient pas obligés d'aller aux champs, ni les camionneurs de rouler, ni les caissiers de s'asseoir devant la caisse, ni les éboueurs de ramasser nos poubelles. Chacun pourrait rester chez soi : les machines travailleraient à notre place.

Virusland est animé par ce rêve d'automatisation. C'est bien parce que nous en approchons, et qu'une part croissante de la production est automatisée, qu'une part correspondante de la population peut se confiner. Mieux, c'est bien parce que nous rêvons d'une automatisation complète que nous pouvons, à Virusland, vouloir mettre en place ce confinement général, auquel la ville pestiférée du *Journal* de Defoe ne songe pas. Comme la guerre, avec laquelle il est comparé, l'ennemi étant seulement invisible, le virus pourrait même nous pousser à avancer encore dans ce rêve de l'automatisation : faire un bond en avant, comme on dit. Wiener croyait qu'un changement idéologique serait nécessaire pour que nous acceptions de céder notre travail aux machines mais peut-être suffit-il d'un virus.

Télé-perception

La vue, la voix, permettent aux humains d'échanger des informations à quelques centaines de mètres. Pour aller plus loin, il faut des technologies particulières. Celles-ci sont fondées sur des opérations de codage que Wiener une fois encore – il est l'âme de Virusland – a décrites dans sa théorie de l'information. De ces techniques, Wiener ne connaît que le télégraphe et le téléphone. La voix humaine produit des sons, des vibrations de l'air, qui ne se propagent pas très loin. Mais elles peuvent être codées par un signal électrique, lequel parcourt des fils tendus à travers les continents et sous l'eau aussi, pour être décodé dans le récepteur et transformé à nouveau en des vibrations de l'air. Le télégraphe code des mots déposés sur un papier, le principe est le même. Un message est abstrait de son support et codé sur un autre support qui permet son transport, ou son enregistrement, son stockage, pour être ensuite décodé et réinscrit dans le médium initial auquel l'humain a accès. Un son est transporté sous forme d'ondes électromagnétiques, ou une image ou même une texture, un message tactile. Des gants connectés, des manettes de jeux vidéo et certains écrans reproduisent par des vibrations dans la main, ou sous le doigt, la texture d'un objet. Celle-ci a également été codée, abstraite de l'objet, et re-matérialisée sur un support que le corps humain peut décrypter. C'est ce moment de codage, non pas une dématérialisation mais le passage d'un support à un autre, qui rend possible le transport des messages perceptifs et la perception à distance : entendre la voix d'un humain qui parle à des centaines de kilomètres, ou cinquante ans auparavant, voir son visage, le toucher peut-être.

La radio et la télévision fonctionnent sur le même principe mais à sens unique : elles permettent l'envoi d'informations depuis un pôle jusqu'à des récepteurs mais non l'échange d'information. C'est avec Internet qu'est véritablement dépassé le modèle du téléphone. Internet n'ajoute pas seulement l'image au son, augmentant alors considérablement la quantité d'information transmise : il met en contact simultanément une multitude d'utilisateurs.

Des écrivains, des philosophes, H. G. Wells par exemple, avaient imaginé un cerveau-monde avec lequel nous serions constamment en contact et dans lequel serait stocké tout le savoir humain : tous les livres, tous les journaux. Nous aurions à portée de main, ou d'oreille, toutes les sciences, toutes les nouvelles et toute la littérature, sans quitter notre chambre : de quoi travailler, nous informer et nous distraire. Mais, si l'automatisation dont nous rêvions n'a jamais été atteinte, le rêve télématique d'une perception et d'une connaissance à distance s'est reconfiguré. Nous sommes allés dans une autre direction. Ce n'est pas, en effet, que nous soyons en relation avec un cerveau-monde comme l'imaginait Wells. Nous sommes en relation entre nous, de pair à pair, avec une multitude dc pairs, et, dans ce réseau, des virus sont apparus, qui ont recouvert le savoir et l'ont transformé.

C'est ce contexte, à Virusland, qui rend possible le confinement : une automatisation partielle, un rêve d'automatisation totale et un réseau de communication livré aux virus.

Drones

Les images des drones dans le ciel de Virusland illustrent bien les rêves éveillés qui nous y occupent. Les plateformes présentent des centaines de vidéos à peu près identiques. Ce sont pour la plupart des reportages dans les journaux télévisés. Le drone décolle, on le voit s'élever dans le ciel, puis, contrechamp, on suit les rues désertes que filme la machine stabilisée à quatre ou cinq mètres du sol. Parfois, elle s'élève plus haut pour montrer des villes entières sans un mouvement. De temps en temps, une voiture passe dans une avenue. Lorsque le drone repère un promeneur, il s'approche et l'apostrophe : « Rentrez chez vous » ou « Mettez votre masque ». Les mots d'ordre résonnent dans toutes les langues de Virusland.

Virusland englobe la moitié de la planète, on y parle d'innombrables langues mais ces drones, qui se ressemblent et doivent être produits par les mêmes deux ou trois entreprises, en marquent l'unité : l'unité supranationale d'une forme de vie, avec les technologies qui la rendent possible, les mêmes modes de communication, le même régime épistémologique. Les images des drones sont apparues à peu près en même temps que le virus et dans la même région, au pays de la Muraille.

C'est G. qui m'a d'abord montré les premières vidéos. Au mois de février, je crois. Nous ne comprenions pas sa langue mais le drone s'attaquait à une vieille dame qui le regardait d'abord sans comprendre puis s'enfuyait en courant, avec de petits pas.

Quand nous sommes nous-mêmes passés dans Virusland, les mêmes images ont envahi nos écrans de télévision, des drones au-dessus de la plage, des drones dans un village qui survolaient la grande place ou empruntaient la rue piétonnière. Pas de doute, nous étions chez nous et le drone parlait notre langue, il avait même un accent provençal. Cela donnait froid dans le dos. Puis nous nous sommes habitués, au point de trouver à ces images une certaine beauté : des drones descendant sur des arbres en fleur, ou contournant un clocher, ou la nuit poursuivis par un chien errant. Les drones sur ces images semblaient s'intégrer à l'architecture, comme les antennes de télévision qui, à une époque, peuplaient les toits.

Le drone, c'est d'abord le rêve de l'automatisation. À le voir errer dans les rues, on pourrait le croire autonome : choisissant lui-même son parcours d'après une carte logée dans sa mémoire, ou qu'il télécharge au fur et à mesure, une carte du monde où figurent les rues de toutes les villes, et les itinéraires les plus courts.

Le drone, c'est aussi la perception et l'action à distance. Derrière le drone, peut-être très loin dans l'espace et dans le temps, un humain regarde les images que le drone a filmées : c'est un gendarme au poste ou, quelques jours après, moi-même derrière l'écran de mon ordinateur. En général, le journaliste, dans ce court reportage qui passe au journal télévisé, interviewe le gendarme. On voit d'abord celui-ci penché sur l'écran, concentré, poussant les manettes et, de temps en temps, donnant sa voix au drone qui s'adresse au promeneur. C'est le gendarme qui a l'accent provençal. Le drone lui permet d'entrer en contact avec les passants sans que ce contact soit réciproque, sans être impliqué lui-même dans ce contact. Les promeneurs interceptés ne le verront pas, ne connaîtront de lui que sa voix qu'ils attribueront au drone. Ils ne pourront pas lui transmettre le virus.

Le drone, ce sont de nouvelles formes de surveillance. Le gendarme derrière son écran n'est pas un gardien de prison. Nous ne sommes pas en prison. Nous sommes à l'air libre et nous n'avons pas été condamnés. Contaminés, peut-être, mais ce n'est pas un crime.

Le drone, c'est une image ambiguë, comme beaucoup de celles qui circulent à Virusland. Le journaliste interviewe également quelques villageois :

– *Les gens ne sont pas disciplinés, alors moi le drone, je trouve ça très bien.*

Le reportage se termine néanmoins sur un plan spéculatif, où les deux drones de la gendarmerie semblent dialoguer entre les platanes de la place du marché. La place est déserte, le café à l'angle fermé, l'épicerie aussi. Pour un peu, on pourrait croire que les humains et toute forme de vie animale ont disparu, balayés par l'épidémie. Les drones au lieu des oiseaux continueraient de voler au-dessus du village et d'échanger ces « Rentrez chez vous », qui ne voudraient plus rien dire, ou auraient pris pour les machines un tout autre sens. Ce serait comme « Bonjour chez toi ! » en langage drone.

Nous avons aussi à Virusland de ces rêves dystopiques, des rêves d'une fin du monde humain que les machines détourneraient à leur profit. Mais, justement, le drone, c'est un rêve et, en tant que tel, un rêve contagieux, viral, que nous nous refilons les uns aux autres. Dans cette station balnéaire où je me suis installé et qui est pourtant bien surveillée, les drones n'existent que sur les écrans. Pour intercepter les promeneurs, les gendarmes prennent leur Kangoo. Pourtant, nous nous montrons ces images de drones, dans un ailleurs que nous savons bien être fantasmatique.

Nous rêvons de technologiques que nous n'avons pas encore mais qui compléteraient cette forme de vie qui s'inaugure. C'est un rêve, qui, comme souvent, frôle avec l'angoisse.

Cyclisme

L'après-midi est ensoleillé et évoque déjà les longues heures de l'été. Avec Paul, nous allumons la télévision pour regarder l'étape du Tour de Virusland, un tour cycliste et virtuel. Le principe est simple : les cyclistes courent l'étape sans quitter leur confinement. Ils pédalent pour de vrai. Pas exactement sur des vélos d'appartement, c'est leur vélo habituel, immobilisé sur une machine (un *home-trainer*), laquelle enregistre leurs efforts et freine le mouvement des roues quand la route monte ou peut même les faire buter sur des pavés. Leurs avatars à l'écran avancent sur la route virtuelle à la vitesse qu'ils auraient dans la réalité.

Ce sont les seules courses cyclistes à Virusland. Elles sont retransmises l'après-midi à la télévision. Les images montrent un paysage de montagnes, avec des cols enneigés au loin. La route s'élève peu à peu. Des maisons isolées, des bergeries sans doute, défilent de chaque côté, elles se font plus rares à mesure que le peloton des coureurs, ou de leurs avatars, gagne en altitude. Ceux-ci ressemblent à des personnages de jeux vidéo, leurs visages sont anonymes et totalement inexpressifs.

Je ne crois pas que ce paysage soit un décor de synthèse. L'application utilise les images préexistantes des plateformes qui ont filmé la plupart des routes de Virusland, faisant circuler des voitures surmontées de plusieurs caméras pour créer ainsi dans la mémoire des machines un double du monde que nous habitons : toutes les rues des grandes villes et les principales routes entre elles, ou des routes célèbres. Et cette route de montagne en est une. S'y sont déroulées d'innombrables étapes dans les tours cyclistes, avant l'arrivée du virus. Les images ont ensuite dû être corrigées, peaufinées, ce qui leur donne cet aspect un peu irréel. C'est certain, les placards publicitaires sur les bas-côtés n'existaient pas quand la plateforme a filmé la route. Ils ont été ajoutés sur les images.

Le peloton s'étire quand la pente s'accentue. Un coureur est lâché. Une fenêtre s'ouvre dans le coin droit de l'écran et on voit le coureur chez lui qui dodeline la tête et les épaules et peine tout seul dans son garage. Derrière lui, on devine une affiche de film et des étagères portant un bric-à-brac indéterminé. Le réalisateur revient sur la route et les silhouettes des cyclistes de dos, la caméra légèrement au-dessus d'eux, comme on les voyait à la télévision dans les tours classiques, le cameraman s'installant à l'arrière d'une moto et suivant le peloton. De temps en temps, comme à la télévision aussi, cette moto inexistante qui fait notre point de vue, passe à côté d'un coureur pour le montrer de profil, ses jambes moulinant sur les pédales, son visage penché sur la roue avant mais inexpressif. En même temps, s'ouvre une vignette qui le montre chez lui, pédalant sur place.

Nous passons ainsi en revue la plupart des coureurs du peloton. Quelques-uns se sont installés dans leur jardin mais le garage semble être leur lieu de prédilection. Peut-être parce que, s'enfermant dans le garage, ils laissent ainsi le champ libre à toute une famille, confinée dans un pavillon, que rien de l'extérieur ne distinguerait des autres, en banlieue d'une petite ville. Les coureurs ne portent pas de casque, ni ces lunettes qui masquent toute la partie supérieure de leur visage. Ou alors c'est le fait de les voir chez eux, avec les affiches de leurs films préférés accrochées aux murs, un vieux sac à dos déposé dans un coin. Ils semblent plus humains.

Leurs mouvements sont contraints. Ils ne peuvent pas sprinter comme ils le feraient sur la route, le sprint exigeant un balancement latéral du vélo, impossible sur le *home-trainer*. Surtout, ils courent seuls, n'ayant d'autres contacts entre eux que ceux que nous voyons aussi à l'écran. Dans la réalité, les coureurs frottent, comme ils disent, dans le peloton. Ils se bousculent. Parfois ils discutent entre eux, de longues heures, tout un après-midi quand la route est tranquille. Ils leur arrivent aussi de tomber. Le soleil leur brûle la peau. Le vent la leur dessèche. La pluie les mouille et les fait grelotter au point qu'au sommet des côtes, on leur tend des journaux, qu'ils se collent dans le dos pour se réchauffer le temps de la descente. Tous ces contacts sont coupés. Ils pédalent sur place, dans la solitude du garage et l'air immobile, à température constante, qui tiédit seulement à mesure que leur corps se réchauffe.

L'application est disponible sur les téléphones portables. Il est parfaitement possible à l'amateur d'y inscrire son propre avatar, non pas pour le tour de Virusland, qui est réservé aux professionnels, mais pour une course similaire qui empruntera la même route. Il y sera opposé à d'autres cyclistes dont les avatars chemineront à son côté. Il ne verra pas les humains qui les animent depuis leur garage. La route remplira tout l'écran qu'il aura posé sur le guidon de son vélo, avec en surimposition sa vitesse, le degré de pente, le vent, etc. Il est possible que les panneaux publicitaires au départ et à l'arrivée changent en fonction des données recueillies dans son téléphone et de l'heure de la journée. Les autres cyclistes, à côté de lui sur la route mais très loin dans la réalité, ne voient pas forcément les mêmes. La lumière en revanche reste invariable quelle que soit l'heure, ou le jour. La route a été filmée une fois pour toutes. Certains passages sont toujours baignés de soleil, tandis que d'autres sont éternellement plongés dans une lumière grise. Le temps ne passe plus que dans les publicités et ces silhouettes sans visage qui filent sur le bitume.

Les cyclistes, lors même qu'ils pouvaient rouler dehors en toute liberté, utilisaient parfois l'application pour des entraînements spécifiques, tel rythme pour telle durée, tel temps de montée, tel temps de repos, avec une précision que la route réelle, où le vent et la température varient, ne pouvait pas leur offrir. Je me demande si les machines, à Virusland, pourraient ainsi prendre soin spécifiquement de nos corps. Nous aurions chacun un tapis de course, ou un rameur, ou un home-traineur dans le garage, ou un coin de l'appartement, et des séances d'entraînement. Ce serait, comme l'automatisation complète, un pas de plus vers un confinement absolu, qui laisse autour de chacun un espace vide, une distance de sécurité.

Sex-chats

Les familles, des communautés, les couples vivent encore ensemble à Virusland, ceux du moins que le confinement n'a pas pris au dépourvu, à quelques milliers de kilomètres les uns des autres, séparés par des frontières maintenant fermées. Certaines régions de Virusland ont décidé d'isoler les malades dans des chambres d'hôtel, réquisitionnées pour l'occasion, les séparer de leurs foyers pour qu'ils ne les contaminent pas. La vie à plusieurs multiplie les risques de contagion. C'est une entorse à l'esprit de Virusland.

Dans les grandes villes, des célibataires aussi se donnent des rendez-vous secrets. Les parcs étant fermés, les rendez-vous ont lieu dans les supermarchés au rayon des chocolats. Ils sont illégaux.

La sexualité, à Virusland, devrait se faire à distance, en ligne, à travers la machinerie des technologies de l'information. Il existe depuis quelques années des sex-toys connectés qui se branchent sur le téléphone et, à travers les téléphones, peuvent se répondre l'un à l'autre. Il existe aussi les sex-chats : ce sont des bordels en ligne. Les modèles, qui, dans la réalité, sont enfermés chez eux, ou dans des chambres d'hôtel, apparaissent à l'écran dans de petites fenêtres. L'écran de l'utilisateur est découpé en une trentaine de fenêtres montrant un modèle, homme ou femme, dans une chambre, anonyme, peu meublée :

un lit, une table de nuit, un poster au mur. Les modèles essayent chacun de capturer l'attention de l'utilisateur, par des gestes, ou en dansant ou en prétendant justement ignorer celui-ci, se maquillant, regardant la télévision, lisant, fumant. Chaque modèle vit dans un espace et une temporalité à part. Ils dansent sur des musiques différentes. Leurs gestes ne sont pas coordonnés.

L'utilisateur clique sur l'une des fenêtres qui s'agrandit alors pour occuper tout l'écran, lui offrant ainsi l'apparence d'un tête-à-tête ou un tête à tête démultiplié : le modèle qui semble à travers l'écran regarder l'utilisateur dans les yeux, lui parler même, s'adresse en réalité à sa caméra et à un interlocuteur abstrait, lequel s'incarne en une multitude d'utilisateurs réels. L'utilisateur peut aussi payer le modèle pour obtenir un entretien privé. Il peut au cours de cet entretien montrer sa propre image en activant sa caméra. Certains modèles disposent aussi d'un sex-toy que l'utilisateur manœuvre depuis son clavier. L'utilisateur ne touche pas le modèle, au sens où il sentirait la texture de sa peau. Il ne peut toucher que lui-même. Le modèle ne le touche pas non plus mais il est touché par l'utilisateur qui anime le sex-toy. Il s'opère une dissociation entre toucher et être touché. Dans la réalité, toucher et être touché vont de pair : en touchant je suis touché. Cette réversibilité est une propriété de notre peau. Elle s'interrompt dans les technologies de télé-perception. Je peux toucher sans être touché, ou être touché sans toucher. C'est pourquoi, lors même qu'elle passe par le toucher, ou une sorte de toucher, cette télé-perception laisse le corps du sujet à distance de ses objets, comme dans une bulle.

En décrivant ces sex-chats, j'ai spontanément, sans trop y réfléchir, parlé d'un « utilisateur ». Je n'aurai pas utilisé ce mot pour décrire une visite dans un bordel. Mais ces sex-chats prennent la forme d'un site Internet, ou d'une icône sur un écran, sur laquelle on clique, à côté de celle qui donne la météo ou accès à une encyclopédie. Ce n'est pas que les modèles ne soient pas humains. L'utilisateur n'en tirerait pas la même satisfaction s'il ne rencontrait sur le site que des robots, ceux-ci ayant même une apparence humaine. Seulement les modèles sont pris dans un dispositif numérique qui a pour l'utilisateur une certaine fonction. Les modèles, en tant qu'humains, représentent comme des pièces dans une machine qui n'est donc pas entièrement mécanique, disons un dispositif. Inversement, du reste, si j'avais eu à décrire le mode d'emploi de ces sex-chats du point de vue du modèle, j'aurais également parlé du modèle comme d'un « utilisateur » faisant alors face à des clients. Ceux-ci, du point de vue du modèle, restent humains mais s'intègrent également dans un dispositif représenté sur l'écran par une icône, à côté des autres.

La nuit du doute

Je voulais raconter la vie quotidienne, l'emprise de Virusland, dans cette station balnéaire, où je me suis réfugié. Peu à peu, pourtant, je m'en écarte. À force, nous nous sommes habitués aux règles de vie : les sorties sur dérogation, l'attestation à remplir, les gestes barrières, la peur de ce virus dont on entend parler à la radio (chacun se demande s'il a été contaminé), la plage qui reste tout le jour un no-man's land et se peuple, seulement au moment où le soleil se couche, de silhouettes honteuses, des vampires qui viendraient sucer non pas du sang mais un peu de l'été qui approche.

Je sors moins. Je travaille sur ces notes, qui deviennent plus générales. Parfois, la nuit tombée, je me promène dans les rues désertes. Une lumière est toujours allumée à la façade des voisins, pas une lumière mais un écran. C'est la voisine, celle qui ne sort plus. L'écran colore son visage en bleuté, y projette parfois des ombres, des scintillements. Elle regarde un film, ou des vidéos, les dernières informations sur le Covid, ou elle arrange son mur sur les réseaux sociaux. Puisqu'elle reste chez elle, que peut-elle y raconter, ou y montrer ? Une nouvelle journée, confinée, avec un selfie au-dessus des crêpes Suzette ? Il y en a beaucoup sur les réseaux sociaux, des selfies dans la cuisine. Moi-même j'en ai posté plusieurs.

Oui, la voisine devant l'écran, je l'imagine, postant un selfie, la photo a été retouchée automatiquement par le filtre de la plateforme qui lui a fait de grands yeux de manga, des pommettes hautes, des lèvres épaisses. Elle scrute son propre visage, ainsi déformé, et se demande si c'est bien elle. Comment savoir ? Comment savoir si elle a, ou si elle est, ce visage et ce corps que le « mur », ou le « fil », de la plate-forme lui montre au cours des mois précédents dans toutes les tenues possibles, à la plage, en ville, ou dans la maison, avec des sourires et des moues, des lunettes de soleil ou des demi-lunes pour lire de près, mais toujours dans une lumière, un contraste, une façon d'accentuer certains traits qui rendent les photos anonymes et les font ressembler à celles des stars. Comment savoir si elle a ces grands yeux ? Et, si elle ne les a pas, à quoi ressemble-t-elle ? Il ne suffit pas de regarder dans le miroir qui est menteur lui aussi.

Le doute se propage très vite dans son esprit. Elle a passé la journée sur Internet. Le clown à la mèche orange vient de déclarer que le virus a été fabriqué dans un laboratoire au pays de la Muraille. Sur le moment, elle-même n'était pas tout à fait convaincue. Maintenant elle se demande si le virus n'est pas, plutôt qu'un artefact, une fiction. Et si le virus n'existait pas ? Si c'était une mise en scène, comme le projet Apollo, le débarquement sur la Lune ? Et si la terre était plate, et si on nous mentait depuis plusieurs siècles. Peut-être vaudrait-il mieux faire l'hypothèse que l'on nous ment et repartir de zéro. Elle se dit, en substance :

– *Je supposerai donc qu'il y a un certain mauvais génie, non moins rusé et trompeur que puissant, qui a employé toute son industrie à me tromper*...

Mais cela ne dure qu'un instant, vers 23 h 55, quand l'esprit fatigue et se prend de nostalgie pour un régime épistémologique totalement dépassé, celui du vrai et du faux. La voisine, dans l'obscurité, le visage coloré par les images que projette l'écran, se reprend immédiatement : « T'es complètement parano. » Elle ajoute à la dernière photo postée une émoticône, un visage jaune et rond, un œil plus grand que l'autre et la langue qui sort, puis elle clique sur « publier ». Elle n'éteint pas cependant l'ordinateur. Elle va regarder une dernière vidéo, ce sera la dernière, elle se le promet, ensuite elle ira se coucher.

À Virusland, nous sommes bien, comme Descartes, confinés en nos chambres dans un monde qui pourrait relever de l'illusion. Mais il n'y a pas de Malin Génie, il n'y a que des virus sur nos écrans qui ne nous laissent pas le loisir d'affirmer notre existence en tant que *Je* dans ce *Je pense donc je suis*, et nous réduisent donc à cet indéfini portrait de nous-même formaté par les plateformes. Ce portrait peut être multiple, nous pouvons avoir plusieurs identités, fantasmées, dont aucune ne nous est tout à fait adéquate mais dont nous ne pouvons pas nous détacher.

Je parle de ma voisine parce que, hier soir, en traversant le jardin, je l'ai aperçue par la fenêtre, devant son écran, mais ce pourrait être n'importe qui, confiné à Virusland et livré à la viralité. N'importe qui sauf moi qui écris ses lignes. Ou alors ce serait moi quelques heures auparavant. Un moi-même dont je me serais maintenant détaché. Entre-temps, j'aurais, comme on dit, recouvré mes esprits.

C'est comme le narrateur du *Journal de l'année de la peste*, et le pauvre musicien qui se demande s'il est mort. Le narrateur raconte le doute de l'autre comme un paradoxe. Lui-même ne doute pas de son existence. C'est impossible. La plume à la main ou le clavier sous les doigts, devant un écran qui ressemble à une feuille de papier, où les mots se suivent les uns après les autres, on peut toujours refaire le raisonnement de Descartes : je raconte une histoire, tout peut y être faux, mais, pour cela, il faut que je sois, que j'existe, sous une forme ou une autre. C'est différent lorsque l'écran est composé d'une multitude de fenêtres et de vidéos que le réseau, laissant circuler les unes et brouillant les autres, a sélectionnées pour attirer maximalement mon attention. De quelle instance en moi, du reste, affirmerais-je l'existence ? De cet œil qui suit la vidéo du clown, ou de cet autre qui parcourt en même temps mes courriels ?

Tout cela, je peux le dire, parce que ces notes, cette histoire, m'éloignent moi-même de Virusland : elles me mettent à distance de la viralité qui y règne. C'est bien pourquoi je les écris.

J'ai oublié de dire comme les nuits à Virusland sont noires. Personne ne sort, la nuit, et cela semble la rendre plus noire. La lune y dessine des ombres qu'aucun mouvement ne vient déranger. Le silence n'est troublé d'aucun bruit de moteur, pas un pas, ni un craquement. Seul le vent parfois souffle dans les pins et amène la rumeur de l'océan.

Toucher et être touché

Il vous est bien sans doute arrivé quelquefois, en marchant de nuit sans flambeau, par des lieux un peu difficiles, qu'il fallait vous aider d'un bâton pour vous conduire, et vous avez pour lors pu remarquer, que vous sentiez, par l'entremise de ce bâton, les divers objets qui se rencontraient autour de vous, et même que vous pouviez distinguer s'il y avait des herbes, ou de la boue, ou quelque autre chose de semblable. Il est vrai que cette sorte de sentiment est un peu confuse et obscure, en ceux qui n'en ont pas un long usage ; mais considérez-la en ceux qui, étant nés aveugles, s'en sont servis toute leur vie, et vous l'y trouverez si parfaite et si exacte, qu'on pourrait quasi-dire qu'ils voient des mains, ou que leur bâton est l'organe de quelque sixième sens, qui leur a été donné au défaut de la vue[41].

Imaginons que le drone qui permet au gendarme de repérer les promeneurs sur la plage soit pourvu, outre la caméra, de deux antennes, comme celles d'un insecte, qui, lorsque l'appareil se pose, explorent le sol, pour en rendre la texture dans les manettes que le gendarme tient dans ses mains. Pour celui-ci, ce serait comme s'il touchait le sol à distance, à travers deux baguettes. Il serait dans la situation de l'aveugle qui distingue les inégalités du sol et sa dureté ou sa mollesse, au moyen de son bâton. Avec un peu d'entraînement, le drone serait pour lui l'organe d'un sixième sens lui permettant de toucher à distance. La différence est que, si le bâton de l'aveugle heurte un randonneur endormi au pied d'un arbre, celui-ci lève les yeux et voit l'aveugle, ou attrape le bâton, le tire à lui et sent la main de l'autre qui le retient, alors que, quand le drone se traîne jusqu'au récalcitrant qui passe la nuit sur la plage, celui-ci ne perçoit qu'un monstrueux insecte. Le gendarme qui sent au bout de ses baguettes la texture molle d'un corps, le gendarme qui, à distance, touche ce corps, est lui-même intangible à ce qu'il touche. Il touche sans être touché.

Dans un texte de fiction, Wiener imagine un internet tactile. À l'écran, s'ajouterait une manette qui rend la texture des objets affichés. Wiener parle de « télé-contact à sens unique » *(one-way télé-contact)* : le contact se fait à distance et sans réciprocité. Les technologies de l'information, lorsqu'elles s'appliquent au toucher, n'ont pas seulement allongé le bâton que Descartes donne à l'aveugle : elles l'ont rompu pour dissocier les deux côtés du toucher, toucher et être touché, ou rendre possible un toucher intangible. C'est bien pourquoi les armées utilisent des drones : le pilote peut toucher sa cible sans être touché par elle.

En dehors de ces technologies, nous ne pouvons pas toucher sans nous-même être touchés. Quand, avant l'entrée à Virusland, je serrais la main d'un ami, je sentais sa main dans la mienne comme lui sentait ma main dans la sienne. Si je posais la main sur son épaule, alors qu'il était de dos, il percevait ce contact et se retournait.

La vue n'a pas la même réversibilité. Je peux voir sans être vu, si je regarde quelqu'un de dos, ou par le trou d'une serrure. Je peux même imaginer voir tout en restant invisible, comme l'homme invisible dans le roman de H. G. Wells. Mais, en dehors des technologies de l'information, il n'y a pas d'équivalent à ce personnage dans le registre du toucher : une créature qui pourrait toucher tout en restant intangible comme le personnage de Wells voit tout en restant invisible.

Les technologies de l'information donnent donc à la perception à distance qu'elles rendent possible cette propriété de la vue qui n'implique pas de réciprocité. Ce n'est pas, cependant, que la perception à distance soit ramenée à une forme de vision.

Impressions

Le village s'appelle Labastide. Je ne sais pas où il se trouve. Je suis tombé dessus par hasard, un après-midi. La grande place, qui forme un carré exact, bordé d'arcades, était ensoleillée, l'ombre des façades s'étendant sur les pavés de la droite vers la gauche. Il n'y avait personne. En fait, on n'y voit jamais personne, sinon, un matin sur deux, un homme qui arpente le village. Il apparaît d'abord sur la place de la mairie. Il y traîne un bon quart d'heure. Il semble parler tout seul. Je le vois disparaître à gauche. Je le retrouve devant l'église. Il ne fait que passer. Il finit par la place carrée, qu'il balaie méticuleusement en commençant par le côté que, à voir les ombres tourner au cours de la journée, je sais être au Nord. Il n'a pas l'uniforme que porterait le balayeur municipal.

Il pourrait être le seul habitant du village. Je suppose pourtant qu'il ne l'est pas. Mais je n'ai jamais vu un détritus par terre. Ni une feuille d'arbre. Il n'y a pas un arbre dans le village, malgré quelques oiseaux qui nichent dans les avant-toits de la place carrée.

Chez moi, cet après-midi-là, il pleuvait. Au lieu de parcourir mon kilomètre, j'ai cherché sur Internet, par désœuvrement, des images des paysages de Virusland que filment les caméras de vidéosurveillance. Toutes les villes et les villages de Virusland ont installé des caméras, dont la plupart diffusent en temps réel leurs images sur

Internet. J'ai fini par tomber sur Labastide. Le village compte trois caméras que je laisse maintenant défiler sur mon écran : trois fenêtres, la place carrée, l'église, la mairie. Au départ, je voulais résoudre le mystère des habitants : vérifier qu'ils sont encore là, savoir à quels moments ils sortent. J'ai repéré sur la grande place deux ou trois fenêtres qui s'ouvrent certains soirs, sans que je puisse pourtant observer les occupants. De l'angle où se trouve placée la caméra, je devine sous les arcades deux commerces et, je crois, un café. Ils sont fermés mais l'étaient peut-être déjà avant le confinement. L'installation d'un supermarché en périphérie oblige souvent les commerces du centre à fermer. En suivant les mouvements du balayeur, je sais que l'église, la mairie et la place carrée se trouvent à quelques minutes de marche les unes des autres. Je n'ai pourtant aucune idée de la taille du village.

Si le virus tuait comme la peste, ou une de ces maladies qui, dans les romans de science-fiction, déciment les colonies humaines sur des planètes éloignées, si l'inconnu de Labastide était le seul survivant, j'imagine qu'il pourrait continuer à entretenir le village, à balayer le sol méticuleusement, pour se rassurer ou s'occuper. Pour un temps, les caméras de surveillance continueraient à diffuser les images, jusqu'à ce que l'électricité vienne à manquer. L'homme devrait s'interrompre une fois qu'il aurait épuisé les stocks du supermarché.

Évidemment, ce n'est pas du tout comme si je survolais le village, à bord d'un avion ou d'un hélicoptère. J'en aurais alors une vue d'ensemble je saurais quelle est l'étendue du village et où se trouvent la mairie, l'église et la place. Or je n'ai du village que des vues locales que je ne sais pas bien recoller les unes aux autres.

Deleuze et Guattari distinguent l'optique et l'haptique, dont le modèle est le toucher, par cette opposition entre le global et le local. L'optique offre des vues globales alors que l'haptique ne donne que des impressions locales. Si j'explore, à l'aveugle, un objet avec les mains, disons la table, j'en prends une série d'impressions locales, un coin du plateau, le tiroir, la moulure d'un pied, que je dois rassembler pour reconstituer l'objet même. La vue rapprochée, lorsque j'approche l'œil de l'objet, relève également de cette localité haptique, sauf qu'il nous est difficile d'imaginer pouvoir prendre, et prendre simultanément, une multitude de vues rapprochées. C'est pourtant ce qui se passe lorsque j'observe Labastide en laissant défiler les images des caméras de surveillance. Les images ne sont pas déformées comme le sont celles d'un objet observé de près. Mais elles ne me présentent le village qu'à travers des impressions locales. C'est, dans le registre de la vision, comme si je disposais de mains dont je mettais en relation les impressions. Selon l'objet qui m'intéresse, je les resynchronise. Si j'observe la ville, je laisse défiler les flux d'images, les arrêtant peut-être tous au même instant t. Si je veux en savoir plus sur le balayeur, je relie les images de la place avec celles de l'église, cinq minutes auparavant, quand l'homme s'y trouvait encore, pour fixer l'identité de l'individu dans un présent élargi.

À ces images, pourraient s'associer des contenus auditifs et même tactiles. Si je disposais du drone à antennes que je prêtais au gendarme, un drone susceptible de rendre dans mes mains les textures des surfaces sur lesquelles il se pose, les pavés de la place, les toits d'ardoise de la mairie, ces contenus tactiles s'ajouteraient comme autant d'impressions locales aux images des caméras.

La télé-perception, si elle offre principalement des contenus visuels, ne relève donc pas du modèle de l'optique. D'abord, l'organe de cette télé-perception n'est pas l'œil mais un schéma corporel qui associe l'œil devant l'écran et la main, cliquant sur la souris ou touchant directement l'écran pour sélectionner les images, en interrompre ou en relancer les flux. Ensuite, cette télé-perception n'a pas les propriétés de la vision. Elle est locale comme un toucher bien qu'elle prenne la non-réciprocité de la vision. Le balayeur de Labastide n'a aucun moyen de savoir que je l'observe. Je suis pour lui absolument imperceptible. La télé-perception représente un sens nouveau, disons synhaptique, puisque l'identification d'un objet suppose la synthèse d'une multitude d'impressions haptiques, un sens qui prend certaines propriétés de la vue et certaines du toucher mais ne se confond ni avec l'un ni avec l'autre et peut se remplir de toutes sortes de contenus, visuels, auditifs et tactiles.

Si le balayeur était seul, bloqué dans ce village, sans moyen de locomotion, il pourrait écrire un message sur le pavé, essayer d'entrer en contact avec le dehors qui s'ouvre dans cette demi-boule de verre suspendue au premier étage à l'angle sud-ouest de la place carrée. Moi-même, cependant, n'aurais aucun moyen de lui répondre. Je suis à Labastide un esprit, un fantôme, dépourvu de médium. Je n'y ai aucun corps. Les caméras de surveillance ne sont pas mes yeux. Elles ne trahissent rien de moi, pas même ma présence, pas même une présence.

Ce n'est pas que j'ai perdu mon corps dans la télé-perception. Mon corps reste de mon côté de l'écran. J'ai des yeux, que la luminosité de l'écran peut fatiguer et qui pleurent, des mains qui touchent le clavier, ou la souris, et se touchent elles-mêmes dans ce contact ou peuvent toucher le reste de mon corps, mon visage deux cents fois par jour. Mes démangeaisons n'ont pas cessé. Je ne peux pas oublier que j'ai, derrière l'écran, un corps enveloppé d'une peau qui est réversible, touchante et touchée, se sent de l'intérieur et de l'extérieur. Seulement, pour observer Labastide, ce corps s'enveloppe d'une seconde peau ou, si la peau implique une réversibilité, disons plutôt d'une membrane derrière laquelle il disparaît pour devenir un œil invisible, une main intangible, un pur esprit qui continue pourtant d'observer le monde sensible.

Cette membrane qui nous entoure derrière nos écrans est plus efficace que les gestes barrières qu'elle semble prolonger. Le corps est, derrière elle, inatteignable. La peau s'isole dans les gestes barrières et par cette membrane instituée dans la distance de la télé-perception. Elle touche encore mais n'est plus touchée que par elle-même. D'où vient alors qu'elle continue à réagir, à s'irriter ?

La Machine s'arrête

Cannot you see [...] that it is we that are dying, and that down here the only thing that really lives is the Machine ? We created the Machine to do our will, but we cannot make it do our will now. It has robbed us of the sense of space and of the sense of touch. It has blurred every human relation and narrowed down love to a carnal act[42].

Les humains, dans la nouvelle de Forster, vivent dans des cellules creusées sous terre, le long d'immenses galeries. Chacun a des voisins avec lesquels il n'a aucun contact. Les cellules sont totalement isolées et presque vides : un lit et une sorte d'écran. Les humains, quand ils ne dorment pas, vivent devant l'écran. C'est à travers cette mystérieuse Machine (avec un M majuscule) qu'ils communiquent entre eux et avec le monde des idées. Ils lisent, écoutent de la musique ou des conférences, des conférences même sur le monde extérieur. Ils se reproduisent à certaines époques de la vie. À ces occasions comme à quelques autres, il leur faut bien sortir, voyager. Ils détestent ces séjours à l'extérieur comme le contact immédiat avec les autres. « Les gens ne se touchaient jamais les uns les autres. Grâce à la Machine, la coutume était passée de mode[43]. »

La Machine les a déshabitués au toucher. Ils ne touchent plus que les boutons sous l'écran, dans leurs cellules.

Puis (et c'est le titre de la nouvelle), la Machine s'arrête. Elle cesse de fonctionner. La plupart des humains totalement désemparés meurent dans la catastrophe.

Cellules d'acier

The correct idea would be most men spending their lives in tight steel boxes. The four walls would be television panels, stereoscopic vision of course. People could transfer their presence to any other similar rooms by just dialing a number. They could convoke any group of friends anywhere into their room by the same process. Look – he turned around brusquely as if ready for a challenge – even now, if you touch a person, you have to apologize. Who shakes hands any more? People are vision and sound to another. Give them the counterfeit presence of their neighbors, and why should they bother go visiting? A man's box will be his castle[44].

Dans ce texte de fiction, Wiener reprend l'idée de Forster : les humains vivent dans des cellules fermées, entourés d'écrans qui leur offrent une vision stéréoscopique, en 3D. En composant un numéro, comme au téléphone, on fait apparaître son correspondant sur les écrans, comme s'il était dans la pièce. On peut ainsi, sans quitter sa chambre, se réunir entre amis, prendre un apéritif ou voyager dans n'importe quelle région du globe ou d'un espace imaginaire.

La cellule peut même se faire érotique. Dans la suite du texte, Wiener imagine des « catalogues », où figurent les « pin-up de Hollywood », hommes et femmes. On en sélectionne un, une, que l'on fait apparaître en 3D dans sa chambre. La Machine est pourvue d'une interface tactile qui offre à l'utilisateur ce « contact à sens unique », que j'ai évoqué à propos de nos sex-chats et dans lequel se dissocient le toucher et l'être touché. L'utilisateur aura l'impression de toucher le, la « pin-up » sans être touché par celui-ci, ni celui-ci touché par l'utilisateur. C'est, écrit Wiener, un « contact stérilisé », sans échange de microbes ni de virus, sans conséquence, ni culpabilité, un contact qui ne nous fera plus peur.

Les contacts ayant ainsi perdu leur effrayante immédiateté, et tout ce qu'ils avaient de charnel, la société cellulaire pousse ses membres à les multiplier. Ce ne sont pas forcément des contacts érotiques avec les pin-up d'Hollywood mais des contacts sociaux, des « amis », pourrait-on dire, sur un réseau, avec qui, sous une forme ou une autre, on échange des messages. Cette vie sociale à distance est rendue obligatoire. Il est interdit de s'isoler, ou de privilégier une quelconque relation à deux. Le nombre de ses contacts définira la place d'un individu dans la société, ou plus exactement même sa « note ».

Wiener n'insiste pas ici sur les raisons pour lesquelles la société cellulaire exige ainsi de ses membres une multitude de contacts mais il analyse ailleurs, à propos des « clichés », les contraintes que fait porter sur le message la circulation dans un réseau dense de communications. Pour continuer à circuler, ne pas se déformer ni s'abîmer dans le bruit, le message doit être simple, sans nuance, jouer autant que possible sur des idées reçues. L'idée de Wiener semble être qu'une société fortement et uniformément connectée sera plus stable qu'une autre : n'y circuleront plus que des clichés qui ne diront jamais rien de nouveau.

L'univers de Wiener, comme celui de Forster, est évidemment dystopique. Une première différence, cependant, est que si, pour l'un et l'autre des deux auteurs, le confinement dans la Machine est lié à une peur du contact immédiat, à une peur du toucher, celle-ci n'est pas, dans le texte de Wiener, la conséquence d'un tel isolement mais sa cause. Wiener ne parle pas d'un virus qui nous aurait d'abord appris des gestes barrières. Il décrit une réticence diffuse et croissante au contact, qui nous réduit les uns pour les autres à une apparence, désincarnée, et une voix, qui se laissent alors reproduire sur un écran, pour nous libérer tout à fait de l'occasion de nous toucher.

D'autre part, dans le texte de Wiener, la Machine à travers laquelle les humains communiquent ne s'arrête pas comme celle de Forster. Elle se développe et devient folle. Non pas folle comme un humain peut devenir fou. Elle n'a pas la conscience, ni la vie. Elle ne pense pas mais elle a été programmée pour s'étendre, pour accaparer une part toujours plus grande du temps humain. Elle suit ce but aveuglément en empruntant des voies que les humains n'avaient pas imaginées et qui finissent en effet par les détruire. La Machine ressemble elle-même à un virus qui n'a pas pour but de tuer ses hôtes mais seulement de se propager : envahir le corps d'un individu pour que celui-ci le transmette à un autre. Il peut cependant tuer son hôte, et une grande partie de la population de ses hôtes, par inadvertance en quelque sorte, par aveuglement, en cherchant seulement à se reproduire.

Essayant de décrire, dans les années cinquante, un futur possible qui, finalement, n'est pas trop éloigné du monde dans lequel nous vivons maintenant, Wiener y place cependant des éléments technologiques curieusement décalés par rapport à ceux que nous utilisons. Ces écrans stéréoscopiques sur les quatre murs de la boîte d'acier ressemblent aux voitures à coussins d'air qui figuraient dans les séries B des années soixante-dix. Nous utiliserions un casque de réalité virtuelle. Ou même pas. Ce que Wiener ne voit pas, c'est que nous puissions nous confiner, convoquer nos amis à distance, multiplier nos contacts et les messages qui circulent sur les réseaux, mettre en place une sexualité « à sens unique », en utilisant un seul écran, souvent plus petit que celui d'une télévision.

Le *Lebensraum*

Call it – call it a Lebensraum. It is just that, by the way. It's what a German wanted to feel at ease in [...]. The outside was an antagonizing plane, full of dirty Russians and lewd Frenchmen and evil races. This is just another space to suit the average man – complete freedom. You go to your office – but you needn't actually go there. You have it projected around you, with the actual people in three dimensions. You work in it by remote control. [...] For reading, you dial a number, the book appears on the screen. You tap out the library catalogue, the newspaper, your own movies. Anything and everybody[45].

Il s'agit encore de cette boîte d'acier dans laquelle les humains s'enferment, entourés d'écrans, où ils projettent leur bureau pour s'y réunir avec leurs collègues, consultent toutes les bibliothèques du monde, livres, journaux, films. Ici, Wiener l'appelle *Lebensraum*, un « espace vital ». Dans les années cinquante, la référence au nazisme de ce mot, que Wiener utilise en allemand, est transparente. La cellule représente certes un espace dans lequel le sujet est protégé, protégé surtout du contact : la « saleté » des Russes, « l'obscénité lubrique » des Français renvoient bien à la peur de ce toucher à double sens, dans lequel on ne peut toucher qu'en se laissant soi-même toucher. La cellule matérialise cette membrane intangible dans laquelle nos écrans nous confinent. Mais ce n'est pas vraiment « l'espace vital » auquel les nazis se réfèrent pour justifier l'extension territoriale. Pourquoi alors cette référence au nazisme ?

Wiener utilise souvent le mot de fascisme en un sens abstrait, non pas pour désigner spécifiquement les mouvements politiques qui se développent entre les deux guerres mondiales, mais, de façon générale, toute doctrine, ou forme de société, qui place le tout au-dessus de l'individu et exige de celui-ci qu'il se conforme aux lois mécaniques qui gouvernent le tout. Le travail à la chaîne est, en ce sens, fasciste : l'usine est organisée en fonction des machines et le travailleur humain est forcé d'adapter sa position et son geste à cette logique mécanique. L'humain devient une pièce de la machine qu'est l'usine et une pièce qui, dès que possible, sera remplacée par une machine. « Quand les atomes humains sont liés dans une organisation où ils sont utilisés non pas dans leur plein droit d'êtres humains responsables mais comme leviers, poulies et pistons, peu importe qu'ils soient faits de chair et de sang. Ce qui est utilisé comme élément dans une machine est bien de fait un élément dans la machine[46]. »

Les catalogues de pin-up que consultent les humains dans leurs boîtes de métal, les sex-chats lorsque les modèles figurent dans les fenêtres d'une application, sur un écran, à côté de l'application météo, pourraient relever de la même organisation : l'humain n'étant pas pris dans la totalité de ses possibilités mais seulement en tant qu'il contribue au fonctionnement d'un mécanisme. C'est, finalement, dans cette perspective que se justifie le terme d'utilisateur : on est utilisateur d'une machine, ou d'un système mécanique, alors qu'on serait client d'un bordel. Plus largement, la société cellulaire que décrit Wiener pourrait être fasciste au sens où il l'entend : à savoir les humains dans leurs cellules, comme les modèles dans leurs chambres, serviraient, par la multiplication de leurs contacts, dans une autre logique que la leur, au développement du réseau, à l'extension de la machine. Notre confinement devant nos écrans pourrait relever du même fascisme : la peur du virus nous conduisant à nous enfermer, à accepter dans le futur une automatisation croissante et, dans l'immédiat, à contribuer par l'usage que nous faisons d'Internet au développement du réseau. Admettons.

Le mot de fascisme qu'utilise Wiener se comprend aussi dans son contexte. Les mouvements fascistes, entre les deux guerres, se développent contre le communisme, quand, par peur du communisme, une part de la population accepte des restrictions aux libertés. Wiener écrit en plein Maccarthysme, quand l'Amérique est également affolée par la peur du communisme. Le communisme est un peu leur virus. Wiener ne dit pas que l'Amérique du Maccarthysme aurait des tendances fascistes, comme celles de l'Europe entre les deux guerres. Avec prudence peut-être, il affirme néanmoins que l'Amérique des années cinquante comporte des ingrédients fascistes en un sens abstrait, au sens où l'individu y est privé de la liberté de se développer en tant qu'humain, dans l'indétermination de ses possibilités mais asservi à une fonction spécifique dans un tout mécanique, considéré comme une pièce dans une Machine.

Admettons. Cela ne suffit pas à faire de la boîte d'acier, dans laquelle les humains s'enferment devant leurs écrans, un « espace vital » qui rappelle la doctrine nazie.

La faim de la peau

J'écoute à la radio une émission sur nos démangeaisons de confinement. Des savants ont inventé un terme spécifique : « La faim de la peau. » La peau a faim de contact. Quand on nous touche, notre cerveau libère une hormone particulière, dont j'ai oublié le nom mais qui apaise l'anxiété. Comme nous limitons les contacts entre nous, la peau nous démange et nous la grattons, ce qui produit la même hormone, et c'est plus efficace que d'attendre qu'un autre vienne nous toucher. Morale : on n'est jamais mieux servi que par soi-même. On peut même devenir accro au grattage.

Je m'aperçois que, tout en écoutant l'émission, je ne peux pas m'empêcher de me gratter, derrière les genoux. D'abord, sans y penser, je passe ma main sur la peau crevassée, j'en sens la texture tiède, irrégulière. Puis, après un changement infime dans ce mouvement, la main, exerçant une pression plus forte, produit de l'autre côté, dans la chair dont je ne percevais d'abord que l'extérieur, cette sensation douloureuse qu'appelle la démangeaison. Cette espèce d'inversion se fait sans que moi-même je n'y prête attention, sans que je ne la commande. La main trouve d'elle-même l'endroit exact où appuyer. Elle n'a aucune hésitation. Ce circuit de moi à moi se fait à part moi qui écoute à la radio des savants. Il passe par l'extérieur ou, plus exactement, dans cet espace intermédiaire que nous réserve Virusland, à l'intérieur de cette membrane que les gestes barrières et les technologies de télé-perception tendent autour de nous, mais à l'extérieur de ma peau dont je commence par sentir la texture particulière : un no-man's land où seuls mes propres gestes peuvent pénétrer. Ensuite, quand la main commence à gratter, cette peau d'abord objet se remplit, dans une épaisseur indéterminée, d'une sensation comparable à un pincement mais beaucoup plus étendue. Dans le grattage, je touche ma peau en tant qu'elle-même touchante, animée d'une sensibilité.

C'est une preuve de mon existence incarnée, une expérience qui me prouverait, si j'en doutais, que ce corps que je peux toucher de l'extérieur porte ma propre existence. À Virusland, il suffit de se gratter pour s'assurer de son existence. C'est une preuve comme une autre.

Un peu comme un miroir mais pas tout à fait. Je m'approche de la glace au-dessus du lavabo. Je vois mon visage, mes yeux qui hésitent et, d'un léger mouvement, se fixent tantôt sur l'un tantôt sur l'autre. Puis-je voir ce visage comme animé, avec la même évidence que je sens la chair, meurtrie par la main qui gratte, se réveiller et souffrir ? Ce n'est pas clair. De toute façon, il me semble que, quand je m'observe dans le miroir, c'est surtout pour regarder quelque chose : un bouton, un poil, une ride, une fossette. Ou alors je vérifie que je suis présentable. Mais, quand il m'arrive de croiser mon regard par hasard dans une glace, c'est toujours avec une question : suis-je vraiment celui que je vois ? Et je ne le suis pas complètement, puisque ce visage peut changer, vieillir, ou pourrait être autre, sans que je ne cesse de m'identifier à lui. Comme le formule Lacan, l'identification dans le miroir est reconnaissance et méconnaissance, aliénation dans un objet qui n'est jamais tout à fait soi. La peau avec sa couleur, ses rides, semble venir, comme un masque, établir un écart entre moi et moi. C'est vrai aussi dans le toucher : la peau a sa texture, ses marques que je peux palper du dehors mais la main qui gratte sait la traverser pour ranimer la chair sensible et s'assurer d'une existence à laquelle elle appartient aussi.

Et les photos que je dépose sur les murs, ou les fils des réseaux sociaux ? Elles sont une peau aussi.

Le Moi-Peau

Le psychanalyste Didier Anzieu introduit la notion de Moi-Peau pour rendre compte de phénomènes d'enveloppement dans l'appréhension de soi comparables à l'enveloppement par la peau du corps sensible. Lorsque je me gratte, lorsque je me regarde dans le miroir, la peau marque une épaisseur dans le rapport à soi. La peau est à la fois une membrane qui me protège, et me protège de moi-même lorsque je me gratte, et un masque dans lequel je me reconnais-méconnais dans le miroir.

Or cette reconnaissance-méconnaissance joue aussi dans le langage. Je peux parler de moi, je ne fais jamais de moi un portrait exact, il reste toujours des choses à dire, ou j'ai mal dit ce que j'avais à dire, ou j'aurais pu procéder autrement. Certes, je n'ai pas menti, ce portrait que j'ai fait, c'est bien moi, mais ce n'est pas tout à fait moi non plus. Les mots que j'ai utilisés représentent une peau qui vient s'intercaler entre le sujet qui parle, le sujet de l'énonciation, le *Je*, et ce qu'il dit de lui, le sujet de l'énoncé, ou le *Moi*, comme la peau sensible vient s'intercaler entre la main touchante et la chair touchée, le sujet de la vision et le visage vu dans le miroir. Le *Moi* est enveloppé d'une peau de langage, ou est cette enveloppe même. Le *Moi* est l'ensemble des représentations, des portraits, dans lesquels *Je* me reconnais et me méconnais : mon état civil, les traits de mon caractère tels que je les décrirais, tout ce à quoi je voudrais ressembler, toutes les identités aussi que je me donne sur les réseaux sociaux.

Cette peau, dans les mots, se manifeste bien dans le paradoxe du Crétois. Le menteur dit : « Je mens. » Le logicien y voit un paradoxe : si je mens, je dis la vérité et, si je dis la vérité, je mens. Mais, dans la conversation courante, un énoncé tel que « Je mens » n'est jamais compris comme un paradoxe. Il signifie plutôt quelque chose comme « je vais mentir », ou « j'ai l'habitude de mentir » ou « moi, tel que tu me connais, je mens ». Le langage courant y distingue un sujet de l'énonciation, un *Je*, qui dit d'un *Moi*, d'une image de lui-même avec laquelle il ne s'identifie que partiellement, que celui-ci ment. Ce *Moi* n'est pas une autre personne, comme si Jean disait de Jacques qu'il ment, mais il ne se confond pas sans plus avec le *Je*, sans quoi il y aurait paradoxe, comme le voudrait le logicien.

Le logicien ignore le rapport de reconnaissance-méconnaissance, qui fait que le sujet n'est jamais entier dans ce qu'il dit de lui, ou que le *Moi* n'est pas adéquat au *Je*. Le logicien ignore la peau qui les sépare. C'est aussi le cas de Descartes.

Dans la fiction du Malin Génie, Descartes établit l'existence en tant que *Je*. Tout peut être illusion. Du moment que je perçois ces illusions, que je les raconte, que, en quelque façon, je les pense, je suis. Le raisonnement en tant que tel est incontestable. Il peut seulement être court-circuité, évité. Comme le pauvre musicien qui se demande s'il est mort, dans le *Journal* de Defoe, comme l'internaute devant son écran dans la nuit virale, on peut passer à côté du *Je pense donc je suis* mais non pas le nier.

En revanche, quand, dans un deuxième moment, Descartes identifie ce *Je* à une chose, ou une substance pensante, il réassigne ce *Je* à un élément conceptuel qui lui vient d'une tradition scolastique. C'est comme un visage dans un miroir. On s'y reconnaît et s'y méconnaît. En prétendant définir le *Je* sans reste, Descartes fait comme si le contact de soi à soi pouvait ne pas passer par l'extérieur et rester tout intérieur

En réalité, on ne peut rien dire du *Je* sinon qu'il est. Comme on ne peut pas se toucher soi-même mais seulement à travers la peau, comme on ne se voit pas soi-même mais seulement un visage qui n'est jamais tout à fait soi. Dès qu'on cherche à le définir, on manque le *Je* dans un *Moi*. Pour Lacan, ce dont Descartes montre l'existence, c'est le sujet de l'inconscient qui ne se prouve jamais pour lui-même mais vient seulement perturber les masques que nous donnons, déchirer les peaux que nous fabriquons. C'est lui qui démange sous la peau.

Existence virale

À Virusland, nous avons court-circuité le moment du Malin Génie. Confinés devant nos écrans, nous sommes dans une situation comparable à celle du personnage des *Méditations*. Sans contact les uns avec les autres, nous faisons face à un monde qui pourrait être illusions, nous pouvons douter, un instant, ou douter de quelque chose, mais nous le vérifions aussitôt sur Internet, nous regardons une autre vidéo, parmi les premières que nous propose la plateforme. Personne ne va au-delà de la page 2. La question de la vérité et de la fausseté ne se pose plus pour elle-même. En tant que nous habitons Virusland, notre réalité est déterminée par la viralité des messages.

C'est bien pourquoi je poste sans cesse des photos de moi sur les réseaux sociaux et je les commente, je raconte mes journées et je lance des tweets dont j'espère que d'autres les reprennent. Je cherche à prendre part à cette viralité, espérant que celle-ci rétablisse mon existence qui ne passe plus par le *cogito* de Descartes

Une fois court-circuité le moment du Malin Génie, nous n'avons plus le loisir, la liberté, de refaire le cheminement de Descartes. Les identités que nous laissons sur les réseaux sociaux sont des *Moi* sans *Je*, comme si le contact de soi à soi pouvait rester tout extérieur, dans l'abstraction de *Je*. Comme s'il suffisait de multiplier les identités pour épuiser l'inconscient.

À Virusland, l'existence dépend de la réversibilité des peaux qui nous entourent. La réflexivité n'est plus celle du *Je pense donc je suis*, ni même celle du *Je mens* de Lacan, c'est celle du mot « virus » qui est lui-même un virus. Comme le corps peut se retourner sur lui-même, la main passer sur la peau et gratter, réveiller la peau touchée, la rendre sensible, touchante en même temps que touchée, les mots, les images, sur le plan de l'information, peuvent se prendre eux-mêmes pour objet et jouer les uns sur les autres, s'additionner comme des milliers de commentaires, se transférer à d'autres internautes, se faire viraux. Si *Je* pouvais apparaître dans cette photo de *Moi*, *Je* existerais dans la mesure où l'on parle de *Moi*. C'est bien pourquoi je poste une photo de *Moi* sur la plage et mes amis répondent, ou renvoient mon image à leurs propres amis ou me renvoient d'autres images ou y ajoutent un pouce levé ou une autre émoticône, ou déforment l'image, ce qui peut aussi me faire souffrir. Cette souffrance à voir mon image moquée, ou déformée, fait partie de la peau. La peau, y compris la peau du *Moi*, est douloureuse. C'est une membrane qui protège mais se révèle aussi sensible aux virus, au formatage que lui impose la plateforme, comme aux gestes des autres. Il n'y a pas de gestes barrières sur le plan de l'information.

Poster une photo sur les réseaux sociaux et la commenter d'une émoticône, ou demander aux autres de le faire, c'est un peu se gratter ou demander aux autres de le faire : chercher dans un contact à soi qui passe par l'extérieur de la peau à réveiller une sensibilité logée dans son intérieur, établir donc une existence sous la peau. Mais se gratter est toujours plus efficace, plus immédiat, plus immédiatement douloureux. La peau numérique est une autre membrane que nous tendons autour de notre corps et qui laisse autour de lui un espace vide.

Membranes

À Virusland, le corps est sous membrane : la membrane de la maison dans laquelle il est enfermé, celle invisible qu'instaurent les gestes barrières, celle intangible qui, dans la télé-perception, sépare le corps percevant et l'objet perçu, et celle que constitue le *Moi* numérique de nos identités multiples.

Dans le vide ainsi ménagé autour de lui, le corps sous membrane se gratte, parce que c'est la façon la plus immédiate de rétablir son existence et parce que les membranes, ces peaux que nous nous sommes fabriquées, communiquent avec la peau au sens propre. La télé-perception peut n'être pas réversible. Je peux voir tout en restant invisible, toucher sans être touché, l'objet fait néanmoins effet sur le corps qui n'a d'autres ressources que de se toucher lui-même. La viralité et le formatage qui passent sur, et déterminent, la peau numérique, font aussi réagir la peau au sens propre. La démangeaison alors vient marquer que *Je* ne suis pas ce *Moi*, aux yeux de manga et pommettes hautes, en lequel le filtre de la plateforme me transforme.

L'*ennemi*, à Virusland, cet ennemi invisible qui se déclare dans les mots du Président, sans pourtant se faire entendre pour lui-même, c'est justement ce qui ne se laisse pas assigner à une identité définie même multiple, ni renfermer dans une membrane même protectrice, ni refouler par aucune censure, ni arrêter par des règles sociales, c'est finalement le sujet de l'inconscient, ce *Je* qui ressort du *Je pense donc je suis*, ou du *Je mens*, dont on ne peut rien dire sinon qu'il est, dont chacun, d'une façon ou d'une autre, voudrait faire l'économie (et, à Virusland, c'est en se livrant à la viralité) mais qui finit toujours par tromper l'attention.

DÉCONFINEMENT

Le déconfinement a lieu brusquement. Il était prévu de longue date mais je n'y pensais plus. De toute façon, il pleut. Il pleut toute la journée pendant trois jours. Les rues sont absolument désertes. Puis la pluie s'arrête mais personne ne sort.

Je me souviens d'avoir lu dans le journal, tout au début du confinement, l'interview d'un champion de surf. Il racontait la fête qu'il ferait à la fin. Il en avait déjà fixé le programme. Il sortirait sa planche dès le matin, passerait la journée sur les vagues, et le soir : barbecue avec les potes.

J'imaginais aussi quelque chose comme cela, mais nous nous trompions. Il reste une série de restrictions dans la loi mais surtout, je crois, dans les têtes. C'est comme si nous n'osions pas sortir. Dans les romans de science-fiction, quand les humains se sont enfermés sous terre pour échapper à de mystérieuses radiations, celles-ci finissent toujours par se dissiper sans que les humains ne s'en aperçoivent. L'air au dehors est pur mais les humains restent enfermés dans leurs cellules. Quand on en a perdu l'habitude, le dehors fait peur.

Le confinement en quelques jours avait tout changé, vidant les rues des passants, fermant les boutiques, éteignant dans l'air immobile les bruits de moteur. Le paysage même, tout ce qui reste une fois les humains rentrés chez eux, semblait s'être transformé pour prendre une étrangeté nouvelle. L'atmosphère que nous respirions était chargée d'inquiétude.

Le déconfinement ne change rien, sauf les débats à la radio.

Toute la semaine nous ne parlons que de la plage. C'est la grande question, dans les journaux aussi : faut-il rouvrir les plages ? La question semble partager les habitants de Virusland, pas seulement ceux qui habitent près des côtes. Elle est importante pour tout le monde. Elle consiste à savoir en quoi consiste le bord de Virusland : si le pays se termine par une douce pente de sable jaune, ou brusquement avec une barrière de métal en travers du passage. Existe-t-il des plages à Virusland où l'on peut imaginer passer ses vacances ? Ou bien ces rêves des familles, depuis les années trente et les congés payés, appartiennent-ils au passé ? Les partisans de l'ouverture veulent encore pouvoir rêver. Les partisans de la fermeture craignent (ce qui montre comme la mer est présente dans leurs esprits aussi) un raz de marée humain et une deuxième vague d'épidémie. Le virus vient toujours du dehors et, si les envahisseurs ne débarquent pas du large, ils sont encore attirés par la côte. D'où les barrières métalliques.

Le maire d'une station balnéaire (pas la mienne, c'est plus au Nord) déclare franchement :

– *Notre population confinée ici [...] veut se protéger de ceux qui viennent de l'extérieur*[47].

Ne pas rester statique

La plage ouvre finalement à la fin de la semaine. Pendant la nuit, la mairie a changé l'orientation des barrières. Au lieu de fermer les escaliers qui descendent sur le sable, elles séparent maintenant des voies d'entrée et de sortie. Les placards sous plastique qui en petites lettres noires annonçaient l'arrêté préfectoral interdisant l'accès aux plages sont remplacés par des affiches colorées avec des dessins, comme sur les livres d'enfants. De petits bonshommes, en tenue de bain ou de sport, nous indiquent ce que nous avons, ou non, le droit de faire. Une serviette sur un fond jaune est barrée d'un gros trait rouge : il ne faut pas étendre sa serviette sur le sable.

Il fait très beau mais pas chaud. Une brise du Nord agite les tamarins. La mer est bleu sombre, le sable blanc. C'est très joli. Il n'y a personne sur la plage. Deux policiers arpentent le front de mer et la jetée.

Le talkie-walkie que porte le plus gradé crie tout à coup : « Trois filles se sont installées, en face de chez Pierre. » Il y a un grésillement (dans les séries américaines, on aurait « Roger », ou « Copie ») avant qu'une autre voix ne réponde : « Je m'en charge. »

Un peu plus tard, une jeune femme avec deux bambins arrête les deux fonctionnaires pour leur demander si elle peut laisser les enfants jouer sur le sable. Celui au talkie-walkie répond sans hésiter :

– *Bien sûr, Madame, vous pouvez vous promener, les enfants peuvent jouer au ballon : le tout est de ne pas rester statique.*

Au bistrot

Je regrette que les bars, les cafés restent fermés. Pas seulement pour m'installer à l'ombre d'un parasol. J'y aurais mis en scène une conversation de bistrot. Il y a des choses que je ne peux pas dire en tant que philosophe mais que j'aurais pu raconter dans une conversation de bistrot.

La philosophie, pour moi, passe par la fiction. Elle a pour domaine le possible tel qu'il est ouvert par la fiction. Si elle touche au réel, ce n'est pas comme une science empirique, qui, dans l'idée (et même si cette exigence n'est pas respectée dans tous les énoncés « scientifiques »), est assujettie à un certain rapport au réel : lorsque le physicien affirme que la pomme qui tombe de l'arbre touchera le sol à une telle vitesse, il faut pouvoir le vérifier ; *idem* quand le sociologue affirme que tel pourcentage des habitants de Virusland ne respectent pas le confinement. Le philosophe, en tant que tel, est dégagé de ces contraintes. Il imagine une situation fictive, un endroit étrange, Virusland. De ce domaine d'expérience, il abstrait des concepts. S'il parle du monde réel, c'est, comme le mathématicien, dans une généralité conceptuelle, dans la mesure où les concepts qu'il étudie dans la fiction se retrouvent dans le réel sans que ses énoncés relèvent du régime de la vérité empirique et sans non plus tomber dans le régime épistémologique de la viralité.

Cela ne pose pas de problème en général mais lorsque la fiction du philosophe a un rapport un peu étroit avec les événements réels, il vaut mieux fixer ce rapport pour éviter les confusions. Éviter surtout de laisser croire qu'il est question du réel ou que le propos pourrait être démenti par le réel. Encore une fois, il ne le peut pas puisqu'il ne concerne qu'un monde imaginaire. On ne lit pas la philosophie comme la page météo avec un coup d'œil par la fenêtre pour vérifier s'il pleut comme c'est annoncé.

La difficulté est que, ne pouvant pas parler directement du réel, le philosophe ne peut pas non plus discuter du rapport de sa fiction au réel, alors que, dans une conversation de bistrot, on peut tout se permettre.

Par exemple, j'aurais pu dire que le confinement me semblait une restriction arbitraire de nos libertés sans véritable justification médicale, qu'il me faisait penser à une punition collective (« certains d'entre vous ont fait des bêtises dans le parc, eh bien, tous dans vos chambres, allez, on discute pas »), que ces mesures anxiogènes, obsédantes et douloureuses avaient (entre autres) pour but de cacher le fait que, si nous nous retrouvions dans cette situation, c'est parce que le système de santé n'avait pas été correctement subventionné (« vous pourrez pas dire qu'on a rien fait pour vous »), que le confinement s'inscrivait dans le droit fil des mesures antiterroristes, dans une tendance liberticide à la surveillance généralisée, que le confinement avait un coût social, à long terme mais aussi à court terme, et que ce coût immédiat n'était pas partagé mais délibérément ignoré et masqué par l'obsession du virus.

Certes, je n'arrive pas à croire, aurais-je encore ajouté dans ce bistrot, qu'il puisse être dangereux de se promener dehors (à une certaine distance, etc.) alors que nous nous retrouvons tous dans l'espace réduit de l'épicerie. Le patron derrière son comptoir m'aurait dit : « Oui, mais le principe de précaution... » J'aurais répondu qu'on ferait mieux d'interdire le tabac, l'alcool et le moto-tourisme que la promenade à pied. Et, sans y penser, j'aurais fini d'un trait le verre de tord-boyaux posé devant moi.

En tant que philosophe, je ne peux non plus rien dire du futur. Les sciences prétendent prédire l'avenir mais certainement pas la philosophie, qui ne concerne que le possible. En l'occurrence, et à l'heure où j'écris ces lignes, personne n'est en mesure de savoir comment évoluera la situation. Le virus pourrait muter d'ici à l'automne, son taux de mortalité grimper, produisant un chaos social, et la restriction des libertés que nous avons subie apparaîtra alors comme dérisoire. Mais on pourrait aussi découvrir avec des tests sérologiques qu'une part importante de la population a contracté le virus sans symptômes, ou presque. Le confinement alors n'aura été qu'une vaste, mais coûteuse, farce, et une parenthèse que nous refermerons. Dans ce bistrot, j'aurais douté que nous refermions la parenthèse et soutenu plutôt que cette forme de surveillance que, dans l'obsession du virus, nous avons facilement acceptée, constitue un modèle que, après l'avoir affiné, et rendu plus efficace, nous réutiliserons en d'autres occasions.

Cela, je ne peux pas le dire en tant que philosophe. Tout ce que je peux faire, c'est tenter de décrire et d'analyser la forme de vie qui s'est mise en place. L'émergence de Virusland n'est pas causée par le virus, comme une pichenette de l'index cause la chute d'un domino qui cause la chute d'un autre. Elle a une essence propre, une cohésion, indépendamment du virus biologique.

Biopolitique

La ville pestiférée, toute traversée de hiérarchie, de surveillance, de regard, d'écriture, la ville immobilisée dans le fonctionnement d'un pouvoir extensif qui porte de façon distincte sur tous les corps individuels – c'est l'utopie de la cité parfaitement gouvernée[48].

Virusland peut être décrit comme une forme de vie, au sens de Wittgenstein, c'est-à-dire un certain usage du langage et, plus largement, un ensemble de gestes dans lequel se redéfinissent les éléments conceptuels qui font les problèmes de la philosophie : la vérité, le rapport au corps, la position du mental, etc.

Cette forme de vie peut également être décrite comme un dispositif disciplinaire, au sens de Foucault. La ville pestiférée que décrit Foucault dans *Surveiller et punir*, cette ville dans laquelle les habitants sont enfermés chez eux et surveillés par le syndic, cette ville dans laquelle les mouvements des choses (provisions, marchandises) et des êtres vivants sont enregistrés, constitue le modèle même du dispositif disciplinaire que vient ensuite fixer la prison panoptique de Bentham. Qu'il s'agisse de cette prison, dont le gardien posté dans une tour centrale peut d'un regard observer les prisonniers dans les cellules d'un bâtiment circulaire autour de lui, ou de cette ville dans laquelle les habitants confinés chez eux et tenus de se montrer à la fenêtre quand passe le surveillant, se met en place une forme de surveillance fondée sur l'enfermement dans un lieu clos et sur une visibilité continue que le prisonnier intériorise. Le prisonnier se comporte bien parce qu'il sait qu'il est constamment visible même s'il n'est pas en pratique toujours vu. Cette visibilité exige un lieu clos. Le même dispositif, pour Foucault, se retrouve dans les écoles, les usines et détermine plus largement les sociétés disciplinaires dans lesquelles nous vivons encore, et une nouvelle orientation du pouvoir, lequel se concentre sur les corps vivants qu'il observe non seulement par les yeux d'un gardien mais aussi par le biais de la médecine, ou d'une sociologie des populations, qu'il observe et protège dans la mesure où s'y constitue la force de travail dont le capitalisme a besoin. C'est ce que, dans les années qui suivent *Surveiller et punir*, Foucault appelle la biopolitique.

Il n'y a pas de doute que le confinement vécu à Virusland entre dans la même logique. Les traits par lesquels Foucault caractérise le dispositif disciplinaire s'y retrouvent : l'enfermement, la surveillance intériorisée, parce qu'elle est ressentie comme étant permanente. Pourtant, ce n'est pas seulement que le syndic, dans la ville pestiférée, a été remplacé par un drone. En même temps que l'enfermement décrit par Foucault est réactivé, les technologies par lesquels il passe maintenant, et ces membranes autour des corps, semblent rendre possibles une reconfiguration de la biopolitique et des modes de surveillance qui ne se laisseraient plus alors concevoir sur le modèle du panoptique. Comme si, avant de déclarer caduque le contrôle panoptique, cette forme de contrôle fondée sur l'enfermement et la visibilité, nous avions voulu le mettre en scène une dernière fois, en grand, à l'échelle planétaire.

If you make no stuff, there is no stuff…[49]

Le confinement était peut-être une erreur. Des collectifs d'économistes font circuler des tribunes, affirmant que le confinement, par ses répercussions économiques, cause à la longue plus de misères, de morts peut-être, qu'il n'en prévient. Certains tycoons de l'industrie numérique refusent de s'y plier ou, plus exactement, d'y plier leurs employés. Des entrepôts, des usines, tournent malgré l'interdiction ou sans que n'y soit respectée la distanciation sociale. Les deux plus grands gestionnaires des systèmes d'exploitation pour téléphones portables annoncent leur collaboration sur une application permettant de traquer les malades et de ralentir ainsi la dissémination du virus. L'application, cette méthode de traçage, pose des problèmes techniques et légaux mais les images qui circulent sur Internet (un téléphone dont l'écran affiche la notification : « Vous approchez d'une personne testée positive ») donne au confinement, au « Restez chez vous », même prononcé par un drone, une allure rétrograde.

Notre société ne croit plus en rien sinon à la vie nue[50]

À Virusland, nous croyons cependant à la viralité. Il n'y a d'existence et il n'y a de fait qu'à la condition de se formuler dans un message qui circule : la viralité est la source de toute réalité. C'est l'axiome, la croyance fondamentale, qui détermine à la fois l'ontologie et les mœurs de Virusland. Cet axiome n'est pas du tout implicite. Il s'agit bien d'une croyance dans laquelle nous nous reconnaissons et que nous mettons en pratique. Cette croyance en la toute-puissance de la viralité, au niveau de l'information, contribue certainement à la panique qui nous a pris face au virus biologique.

Certes, à Virusland, nous voulons protéger notre vie corporelle, ce que Agamben appelle la « vie nue ». Agamben réinterprète l'idée de biopolitique en isolant, comme objet du pouvoir, la « vie nue », c'est-à-dire la vie qui nous appartient en tant qu'animal, dépouillé de toute existence politique. Agamben voit dans le camp de concentration le paradigme de la biopolitique. Pour lui, ce modèle reste au cœur du pouvoir tel qu'il s'exerce dans les démocraties, dans la mesure où celui-ci est également orienté par la vie nue. Agamben peut ainsi voir dans l'état d'exception qui règne à Virusland, cette restriction exceptionnelle de nos libertés, une illustration de sa thèse : le pouvoir aurait pour tâche de contrôler et, en l'occurrence, de protéger la vie nue au mépris de tout autre chose. Mais, justement, s'agit-il à Virusland de la vie nue ?

D'abord, pour le dire de façon imagée, nous ne vivons pas nus, nous ne nous contentons pas de vivre, nous vivons sous membrane. Le contrôle, lorsqu'il est orienté par le corps vivant, s'exerce au second degré. Il ne s'agit pas tant de protéger le corps que les membranes qui protègent le corps. S'il s'agit de maintenir le corps en vie, c'est en maintenant cet espace vide autour de lui. Rien, qui ne soit voulu, ne doit plus pouvoir nous toucher.

Je repense ensuite à ce nageur, au journal télévisé, intercepté par la gendarmerie, alors qu'il luttait au large contre les vagues. Il faisait – disait-il lui-même – quelque chose de pas très bien. Pourtant, il exerçait son corps : d'une certaine façon, il entretenait une vie nue. Peut-être les gendarmes auraient-ils pu l'arrêter parce que son comportement était dangereux, s'il s'était aventuré trop loin de la côte. Mais ce n'est pas de cela qu'il s'agissait. Le contrôle dont le nageur faisait l'objet ne concernait pas le corps vivant mais l'état d'esprit. En nageant au large, l'homme montrait qu'il ne faisait pas « bloc », pour reprendre ce mot qui revenait dans la bouche de notre Président. Il ne participait pas à une forme d'identité qui commençait à se dessiner dans la guerre contre l'ennemi invisible.

Sans doute, les formes de contrôle, qui organisent Virusland, ont d'abord été orientées vers le corps vivant, dans ce que Foucault appelle une biopolitique, mais elles ont maintenant un objet plus large. Plus large en deux sens : parce qu'elles incluent les membranes qui nous protègent et parce qu'elles incluent une sphère mentale que l'on peut aussi considérer comme une membrane protectrice, une peau du *Moi* toujours plus épaisse. Elles n'ont pas tant pour but de maintenir des corps en vie, ou en santé physique, que des individus qui seraient bien dans leurs peaux, heureux dans leurs membranes. Il faudrait parler, plutôt que d'une biopolitique, d'une « psyché-politique[51] ».

Santé mentale

La santé est un état de complet bien-être physique, mental, social, qui ne consiste pas seulement en l'absence de maladie ou d'infirmité[52].

Dès le début du confinement, les médias se sont intéressés aux répercussions psychologiques du confinement : solitude, dépression, violences familiales, conduites addictives, etc. Des articles, dans les journaux, reprennent encore ces jours-ci le même thème. Le confinement, s'il a une utilité pour la santé physique des personnes, présenterait un risque pour la santé mentale. Nous sacrifierions notre santé mentale à notre santé physique, alors que la santé implique l'une et l'autre.

Comme les applications de traçage, qui nous permettraient de nous tenir à distance du virus tout en sortant de nos chez-soi, la référence au bien-être mental, par l'OMS, fait paraître le confinement rétrograde. Nous pourrions faire mieux, nous devrions faire mieux. Le corps vivant porte une vie mentale, dont les mesures sanitaires doivent tenir compte.

L'ambiguïté du confinement est bien dans une tension entre d'anciennes et de nouvelles technologies de contrôle. Nous rêvons d'automatisation alors que la réalité économique exige du travail humain. Nous réactivons les anciennes quarantaines, alors que nous disposons de technologies qui permettraient une surveillance en plein air : la membrane-maison est devenue inutile, les membranes se transportent avec soi. Le virus a recentré le regard sur le corps vivant, alors que le pouvoir a également pour charge de contrôler la vie mentale.

Les applications de traçage

Les applications de traçage ont pour but de repérer, grâce aux téléphones portables, la proximité de l'utilisateur avec des personnes atteintes du virus. Elles peuvent être basées sur la géolocalisation, qui repère la position des utilisateurs, ou le système Bluetooth, qui détecte les téléphones à proximité et est moins précis. Elles supposent que les personnes atteintes du virus aient pu être dépistées et que leur état ait été enregistré sur l'application.

Ces applications peuvent fonctionner sur le principe du volontariat (seules s'inscrivent les utilisateurs qui le souhaitent) ou être rendues obligatoires par l'État ou seulement nécessaires pour l'accès à certains services et lieux publics : l'usage de l'application n'est pas obligatoire mais seules sont autorisées à pénétrer dans les commerces, parcs, gares, aéroports, écoles, etc. les personnes qui s'y sont inscrites, de sorte que, à moins de s'exclure entièrement de son environnement social, chacun est finalement contraint d'avoir recours à l'application.

Le bon fonctionnement de l'application suppose un grand nombre d'utilisateurs et l'enregistrement de leurs données de santé. Cela acquis, l'application peut prévenir l'utilisateur lorsqu'il s'approche d'une personne contaminée et qu'il doit donc fuir, ou lorsque, dans les jours précédents, il a lui-même été en contact avec une personne contaminée : il est alors invité à se faire tester, ou à rester chez lui.

L'application peut non seulement prendre en compte les personnes testées positives mais aussi celles qui sont possiblement contaminées, c'est-à-dire qui ont été en contact avec une personne contaminée, ou possiblement contaminée, et n'ont pas été testées et ne restent pas à la maison. C'est alors, pour l'utilisateur sain, un peu plus de monde à éviter s'il ne veut pas lui-même tomber dans la catégorie des « possiblement contaminés ».

Évidemment, dans « le monde d'après », comme on dit à la radio, le même système pourra être utilisé pour repérer les contacts avec n'importe quel ennemi de l'État (pas seulement ceux qui ne peuvent pas rester chez soi) : des groupes politiques, religieux, des sectes, certaines catégories sociales, etc.

L'avantage enfin de recourir à la géolocalisation, outre le gain de précision, est qu'elle permet à l'opérateur, ou à l'État, d'enregistrer en permanence la position de l'utilisateur, que ce soit pour surveiller ses déplacements et ses activités (dans le cas de l'État) ou simplement pour lui envoyer les publicités les plus adaptées (dans le cas de l'opérateur).

Le défaut de ces applications de traçage est qu'elles n'utilisent que la proximité de l'utilisateur avec des personnes contaminées, alors que certains lieux favorisent la contamination, et certaines catégories sociales sont particulièrement susceptibles d'être contaminées. Une personne âgée qui participe à une chorale augmente ses chances d'attraper le virus alors même qu'aucun cas n'est encore déclaré : le chant semble produire des micro-gouttelettes particulièrement virulentes[53].

Le code QR « Bonne Santé »

Certaines régions de Virusland, le pays de la Muraille notamment, ont donc d'ores et déjà mis au point un dispositif plus adapté. Les utilisateurs portent sur leur téléphone portable un code QR qui leur permet, ou non, d'accéder à des lieux publics : centres commerciaux, parcs, écoles, universités, transports. À l'entrée, se trouve un portail avec un lecteur optique sur lequel l'utilisateur pose son téléphone et le portail s'ouvre, ou non, selon que le code QR est valide. La validité du code QR dépend d'une multitude de paramètres. En fait, personne ne les connaît exactement. C'est un secret d'État. Mais on peut faire des conjectures. Le système, comme les applications de traçage, tient compte des personnes avec lesquelles l'utilisateur a été en contact, de son propre état de santé, tel qu'il est automatiquement enregistré chez le médecin, ou à l'hôpital. Elle tient compte aussi des déplacements de l'utilisateur. Chacun sait qu'un voyage à l'étranger implique un code invalide pour deux semaines. Mais on peut aussi imaginer que le système invalide le code d'un utilisateur qui a participé à une chorale, ou à une réunion politique (ce sont des lieux de contamination), ou que le système invalide plus facilement le code de catégories sociales, considérées comme potentiellement dangereuses.

À nouveau, l'usage de ce code « Bonne Santé » peut être rendu obligatoire par l'État. Il peut aussi ne pas être obligatoire mais seulement requis pour l'accès à certains services, ou commerces.

La reconnaissance faciale fonctionne de mieux en mieux. Il ne s'agit pas seulement du visage mais de la démarche, de l'attitude. Le promeneur peut très bien porter un masque, les caméras disposées dans les rues le reconnaissent à sa silhouette et ses mouvements. *A fortiori* celle du portillon à l'entrée de la gare lorsque le voyageur la regarde bien en face. Le code QR est donc devenu inutile. Le système reconnaît l'utilisateur, récupère les paramètres pertinents et détermine s'il a le droit de prendre le train, de rentrer dans tel commerce ou de se promener dans tel parc. Les paramètres peuvent tenir compte d'un risque de contamination mais aussi du risque terroriste ou (pourquoi pas ?) de possibles incivilités. Il n'y a pas de raison d'autoriser une personne à arpenter la Promenade des Anglais (c'est un lieu très connu à Virusland) quand on sait qu'elle va déranger les citoyens paisibles ou simplement y faire mauvais effet.

Le système, qui permettrait d'interdire l'accès de la Promenade aux personnes fichées, a été testé dans une ville de Virusland, sur la côte. Il semble fonctionner. Son usage est encore illégal.

Nous pouvons encore ajouter au système la reconnaissance des émotions. Celle-ci est déjà utilisée sur certains robots domestiques qui sont capables de distinguer le sourire, ou les sourcils froncés, de l'humain qui se tient devant eux et d'y adapter leur comportement. Il est certain que, à l'usage, le système s'améliorera (sans qu'on puisse dire si le robot décrypte mieux le visage de l'humain ou si celui-ci apprend à faire le visage que le robot attend). Il faut donc, dès maintenant, prévoir de l'inclure sur les portillons de sécurité. Devant les gares, les commerces, les parcs et les promenades, la caméra ne laisse entrer que ceux qui sont en bonne santé, physique et morale, les gens souriants, les gens biens, qui cochent les cases que l'application a retenues. Le système est plus souple en ce qui concerne les transports. De toute façon, personne (et peut-être pas même le législateur) ne sait exactement quels paramètres sélectionne l'application mais c'est tellement plus agréable de se promener dans un parc où l'on sait que personne n'est malade, ni dangereux, d'aucun point de vue, ni même incivil, où il n'y a pas un geste déplacé qui viendrait franchir l'espace vide que nous laissons autour de nous, et où tous les visages affichent ce sourire qui est la règle.

On parle maintenant de caméra de bien-veillance.

La liste des lieux auxquels le système donne accès s'est peu à peu réduite à mesure que celui-ci s'améliorait. En fait, nous sortons de moins en moins et, quand nous sortons, c'est presque toujours pour nos loisirs. L'automatisation du travail s'est poursuivie. Certes, l'automatisation complète, les fermes-machines, les usines automatiques, les livraisons par drones, restent un rêve. Mais le travail a continué de se réduire et, dans les services, il se fait le plus souvent à distance. Il est même parfois délocalisé. On appelle son banquier à l'autre bout de la planète. En tout cas, l'agence a fermé. Le télé-travail a de multiples intérêts. Il évite au travailleur de perdre temps et énergie dans les transports. Par ce fait, il est écologique. Pour l'employeur, qui n'a plus à entretenir des locaux, il est moins coûteux. Enfin, il renforce l'ubérisation, c'est-à-dire la tendance à l'émiettement du travail. L'employé, restant chez lui, peut se transformer en auto-entrepreneur et répondre aux tâches que lui proposent en temps réel différentes applications.

Outre les aspects de la production qui n'ont pas pu être automatisés, le travail sur site concerne surtout l'industrie des loisirs, des aspects de la vie superflus mais réglés, ceux auxquels les caméras de bien-veillance donnent accès : cafés, parcs, certains commerces. La plus grande partie du commerce se fait en ligne mais nous voulons encore pouvoir toucher avec nos mains ou voir de nos yeux les produits qui vont approcher notre corps, franchir les membranes que nous avons tendues autour. Ce sont surtout les vêtements et certaines nourritures choisies, un peu luxueuses. Nous aimons aussi que notre café nous soit servi par un humain plutôt que de tomber d'un distributeur automatique. Il reste dans les villes des cafés, des boutiques de vêtements, des crémeries, des boucheries. Les supermarchés de banlieue ont été transformés en entrepôts de livraison.

Il existe également des écoles pour les enfants. Mais, pour prendre un secteur que je connais personnellement, les universités ont totalement fermé. Elles ont été remplacées par des cours en ligne et bientôt par l'application U...Prof. Il n'y a que très peu d'enseignants titulaires. La plupart sont des prestataires extérieurs que les étudiants recrutent eux-mêmes *via* l'application. Les étudiants sont chargés de réaliser un projet au cours de l'année et, lorsqu'ils ont besoin de conseils dans un certain domaine, ils font une demande sur l'application, comme, quand on veut aller d'un point A à un point B, on demande un chauffeur sur une application dédiée. Sur U...Prof, les enseignants concernés par la demande reçoivent une notification à laquelle ils peuvent répondre, ou non, et les étudiants en choisissent un pour une heure, ou deux, parmi les premiers qui ont répondu. Ils se déterminent d'après les photos que les enseignants ont postées, leurs profils, les évaluations précédentes. Les enseignants sont en alerte 24/7 pour répondre au plus vite aux demandes. Mais cela nous laisse aussi le temps de travailler pour une compagnie d'assurances en répondant au téléphone à certaines heures et de nous faire un peu libraire en échangeant des livres sur une autre application.

> *In the future, we hope StudentLife will help students boost their academic performance while living a balanced life on campus. One could imagine that an app like StudentLife could be used for real-time feedback on campus safety, students at risk; or answer questions like « how stressed is the campus right now »[54]?*

Cette vie, sans contact humain, serait déprimante, pour les enseignants comme pour les étudiants, si l'Université ne nous fournissait à tous une application du type de StudentLife, qui vérifie en permanence notre santé mentale, et on sait que celle-ci a un rôle important dans la santé physique.

La description ci-dessus parle du « campus » en un sens métaphorique. Tout le monde habite chez soi. Moi-même, je n'ai jamais vu mes étudiants sinon en vidéo. Mais cela n'empêche nullement de contrôler notre santé. L'application utilise des données qu'elle récupère dans nos téléphones : activité sportive grâce à l'accéléromètre, temps de sommeil à partir du détecteur de lumière, interactions sociales dans le micro. L'application peut même déterminer mon humeur en décryptant mes intonations de voix lorsque je parle au téléphone. À la fin de la journée, elle me donne un score de bonheur, que je surveille pour mon propre bien et parce que je sais que, s'il diminue, je serai radié d'U…Prof, et refoulé à l'entrée des parcs et des plages.

Retour au bistrot

Bien sûr, c'est un peu de la science-fiction. D'abord parce que le philosophe ne prédit pas l'avenir mais analyse le possible. Et il y a toujours d'autres possibles et des possibles propres à la fiction qui ne se réalisent pas dans la réalité. Les technologies actuelles semblent dessiner certaines lignes mais il est aussi possible qu'une récession économique causée par le confinement en arrête net le développement ou qu'une nouvelle sorte de guerre froide, ou disons tiède, nous entraîne encore dans une autre direction. Ces jours-ci, Virusland semblait sur le point d'éclater. La belle cohésion dans la guerre contre le virus se désagrège. Le clown à la mèche orange accuse le pays de la Muraille d'avoir favorisé la diffusion du virus en en cachant la dangerosité et de profiter maintenant de la panique pour renforcer militairement son pouvoir dans la région. Des porte-avions de tous pavillons sillonnent les océans qui bordent le pays de la Muraille.

Les journaux parlent aussi de ces pays restés en retrait dans la lutte contre le virus et qui n'ont pas confiné leur population, espérant pouvoir protéger les personnes à risques tout en atteignant une immunité de groupe. Les écoles fonctionnent et l'économie tourne, les gens sont moins inquiets qu'ailleurs, le taux de contamination y est supérieur mais pas forcément celui de la mortalité. Peut-être ne subiront-ils pas de véritable récession.

Éviteront-ils la deuxième vague, le deuxième pic, celui que nous craignons, ou dont on nous menace, pour l'été ou pour l'automne ? Les épidémiologistes se disputent sur la question. Certains, prenant l'exemple de virus plus anciens, disent qu'il y a toujours un deuxième pic et qu'il est plus terrible que le premier. Les autres n'y croient pas. Moi, évidemment, je n'en sais rien.

Cependant, si j'étais au bistrot, je dirais que la probable récession, les tensions sociales, une guerre tiède, un climat de peur rendent d'autant plus vraisemblable un renforcement des moyens de surveillance et du travail à distance. Du reste, ces applications qui permettent de recruter un enseignant en ligne pour un cours, ou une aide ponctuelle, existent déjà. Nous pourrions élire démocratiquement un gouvernement qui déciderait légalement d'assigner à domicile des groupes sociaux de taille croissante, des groupes peut-être définis par des critères de dangerosité déterminés par un algorithme dont on ne saurait pas même comment il a isolé ses paramètres, ou l'essentiel de la population. Et ce confinement général ne serait plus assuré par des gendarmes en camionnette mais par les caméras de surveillance disposées un peu partout dans le pays. La caméra reconnaît l'individu et le système récupère son adresse, vérifie si la distance est supérieure au kilomètre autorisé, et, dans ce cas, verbalise sans intervention humaine : l'amende arrive dans la boîte aux lettres. Il y aurait quelques erreurs.

Comme je regretterais le confinement précédent, les attestations sur papier, les gendarmes masqués, et la possibilité d'être un ennemi de l'État qui ne peut pas rester chez soi !

Surveillance synhaptique

Ces nouvelles formes de surveillance ne relèvent pas du modèle panoptique fixé par Foucault. Bien qu'elles utilisent des caméras, elles ne sont pas fondées sur la visibilité continue. Les caméras disposées dans une ville ne donnent que des vues locales, des impressions haptiques, qu'il s'agit ensuite de resynchroniser (pour suivre par exemple les déambulations de l'individu suspect). Le système même qui mesure la dangerosité, ou valide le QR « bonne santé », ne sait pas tout de l'individu. Il s'appuie sur un nombre de paramètres considérés comme pertinents. Il s'agit d'une surveillance discrète, par opposition à continue, et discrète en ce que, comme la caméra de surveillance qui se fond dans le paysage urbain, elle passe inaperçue, à la différence du gardien juché sur une tour centrale et dont l'architecture du panoptique accentuait la présence afin que le prisonnier intériorise sa propre visibilité. Le modèle de la surveillance n'est plus optique mais haptique. Il se rapproche du toucher. Le recours aux caméras ne doit pas tromper. Il n'est pas même essentiel. Aujourd'hui, pour échapper au contrôle, il ne servirait à rien d'être invisible comme l'homme invisible, dans le roman de H. G. Wells. Le personnage de Wells serait repéré dès qu'il tirerait de l'argent dans un distributeur ou dès qu'il allumerait son téléphone portable. Il ne s'agit pas d'être invisible mais de ne pas laisser de traces, c'est-à-dire d'être intangible.

Les techniques de télé-perception ouvrent une expérience perceptive, un sens nouveau, qui prend la localité du toucher mais la non-réciprocité de la vue. Elles nous entourent d'une membrane qui n'est pas une peau mais interrompt l'action en retour des choses, de sorte que nous pouvons percevoir, toucher, sans nous-mêmes être perçus, tangibles, par ce que nous percevons. Seulement la membrane elle-même est épaisse. Elle est constituée de l'appareil technologique qui établit la relation à l'objet. Et, si nous restons intangibles à l'objet touché, nous ne le sommes pas à la membrane qui nous met en relation à lui. Cette sorte de bâton avec lequel nous explorons le monde environnant (pour reprendre l'image de l'aveugle que décrit Descartes), nous permet de toucher à distance et de toucher sans être touché par ce que nous touchons, mais nous y laissons nos empreintes digitales, des traces, à travers lesquelles s'exerce ce contrôle d'un type nouveau.

C'est pourquoi il ne s'agit pas non plus de biopolitique. Le contrôle ne s'attache pas exactement au corps vivant mais au corps sous membranes, parce que celles-ci sont le moyen, le milieu même, de son exercice. Il utilise transversalement l'appareil technologique par lequel nous mettons le monde à distance (quand nous travaillons à distance, faisons nos courses à distance, percevons à distance, créons sur les réseaux sociaux une, ou des identités, à distance). Nous y avons une identité qui n'est pas fantasmée, comme celles que nous construisons sur les réseaux sociaux, mais définie par une multitude de paramètres, qui, dans un vocabulaire sociologique, exprimeraient la profession, l'âge, les revenus, les opinions politiques, les orientations sexuelles, mais restent dans la machine sous forme de codes, « cookies », toutes sortes de traces, et permettent à un algorithme « bonne santé », ou « bon citoyen », de déterminer notre dangerosité potentielle pour nous autoriser, ou non, l'accès à tel service.

D'autre part, le pouvoir, d'où qu'il vienne, de l'État ou des plateformes numériques, s'attache non seulement au corps vivant mais à la sphère mentale. Il a charge de nous rendre heureux. C'est bien pourquoi on a pu critiquer le confinement du point de vue de la « santé mentale », alors que, dans le journal de Defoe, il ne vient pas à l'idée du narrateur de reprocher au gouverneur de Londres de rendre les habitants anxieux en leur imposant la quarantaine. L'objet du pouvoir s'est élargi. Nous nous trouvons en face d'appareils destinés à nous renvoyer notre bonheur, des robots domestiques qui interprètent le sourire qu'ils appellent, des applications qui nous demandent de mettre de la joie dans nos intonations de voix ou notre pratique sportive. C'est une autre membrane disposée autour de nous, épaisse aussi puisqu'elle s'agrège nos états d'âme. Elle ne nous laisse plus, en guise d'âme, que des états représentés par quelques émoticônes, plus ou moins souriantes, ou un score de bonne humeur, de 1 à 10. Elle oblitère la subjectivité même, le *Je*, qui n'est tout entier dans aucun de ses états, ni de ses visages. C'est pourquoi ça gratte, quelque chose en nous veut s'exprimer qui n'a plus pour terrain de jeu que la peau nue sous les membranes, quelque chose qui ne se satisfait pas de ce qui ressemble à une régression utérine, et s'irrite à la fois du désir et de la peur de l'autre.

Chauves-Souris

Quand la terre est changée en un cachot humide,
Où l'Espérance, comme une chauve-souris,
S'en va battant les murs de son aile timide
Et se cognant la tête à des plafonds pourris[55]...

Pourquoi les chauves-souris évoquent-elles le désespoir et l'angoisse ? Ni Baudelaire, ni Bram Stoker qui en fait l'une des apparences de Dracula, ne savent qu'elles nous transmettent des virus. Est-ce parce qu'elles ne sortent qu'à la tombée la nuit ? Mais les hiboux, par exemple, nous sont sympathiques. Ou ce sont la rapidité et le caractère erratique de leur vol ?

Certaines espèces de chauves-souris sont rousses comme des écureuils ailés, avec de petits yeux doux et un air timide, apeuré. D'autres ont de gros yeux aveugles. Elles ont toujours de grandes oreilles, parce qu'elles se dirigent d'après les sons, au radar. À voir les photos, on pourrait imaginer en adopter une, comme un hamster. Enfant, j'étais du genre à recueillir les bébés écureuils qui tombaient des arbres. Cependant, toute une colonie des chauves-souris voletait la nuit dans l'allée qui menait à la maison. On m'avait raconté que si une chauve-souris se prenait dans mes cheveux, il faudrait, pour l'en libérer, me raser le crâne. J'étais terrorisé, pas seulement à l'idée d'avoir la boule à zéro mais de porter, jusqu'à ce qu'on me rase, la créature piaillant et s'agitant dans mes cheveux.

Un soir, l'une d'elles est rentrée dans ma chambre par la fenêtre ouverte. Elle n'arrivait pas, ou ne voulait pas, sortir. Je devais déjà être au lit et j'avais certainement crié. Un adulte, un oncle, était monté. Il s'était enturbanné le crâne d'un torchon. Comme il n'avait pas beaucoup de cheveux, j'avais pourtant l'impression qu'il ne risquait pas grand-chose. Armé d'un balai qu'il agitait en criant, il essayait de faire fuir la bête. Moi, je m'étais blotti sous les draps et les couvertures que j'avais ramenées jusqu'au-dessus de ma tête.

J'étais déjà à Virusland.

Avril-Mai 2020.

Notes

1. E. Macron, Allocution du 16 mars 2020.

2. E. Macron, Allocution du 25 mars 2020.

3. « Nous faisons tout notre possible pour faire face et, à la fin, battre cet horrible ennemi, cet ennemi invisible. Nous sommes en guerre. Véritablement, nous sommes en guerre. Nous combattons un ennemi invisible », D. Trump, 23 mars 2020.

4. « Les chiffres sont vraiment incroyables. Nous n'avons probablement jamais rien vu de pareil. Peut-être pendant la guerre. La première guerre mondiale, la deuxième ou quelque chose comme cela », D. Trump, 5 avril 2020.

5. *San Andreas*, B. Peyton, Warner Bros, 2015.

6. *The Village of the Damned*, R. Rilla, Metro-Goldwyn-Mayer, 1960

7. *The Invaders*, L. Cohen, ABC, 1967 et 1968.

8. E. Macron, Allocution du 16 mars 2020.

9. L. Brunschvicg, *L'Agenda retrouvé*, Paris, Éd. de Minuit, 1948, p. 117.

10. « Le mot est maintenant un virus. Le virus de la grippe a commencé par être une cellule saine du poumon. C'est maintenant un organisme parasite qui infecte et détruit les poumons. Le mot a commencé par être une cellule neuronale saine. C'est maintenant un organisme qui envahit et détruit le système nerveux central. L'homme moderne a perdu la possibilité du silence… Essayez de garder un silence intérieur de même dix secondes. Vous rencontrerez un organisme résistant qui vous forcera à parler », W. S. Burroughs, *The Ticket That Exploded*, New York, Grove (e-book), Empl 1280.

11. S. Freud, *L'Inquiétante Étrangeté*, édition en ligne http://classiques.uqac.ca, p. 35.

12. *Ibid.*, p. 40.

13. *Le Monde*, 16 avril 2020.

14. *Contagion*, S. Soderbergh, Warner Bros, 2011.

15. *World War Z*, M. Forster, Paramount, 2013.

16. www.paris.fr/pages/coronavirus-rendez-vous-tous-les-soirs-pour-applaudir-les-personnels-soignants-7699

17. G. Tarde, *Les Lois de l'imitation*, Paris, Les Empêcheurs de penser en rond, 2001, p. 144.

18. *Ibid.*, p. 46.

19. *Libération*, 19 avril 2020

20. *Village of the Damned*, J. Carpenter, Universal, 1995.

21. *Shivers*, D. Cronenberg, Cinépix, 1975.

22. N. Wiener, *Cybernétique et société*, Paris, Éd. du Seuil, 2014, p. 147.

23. *Sud-Ouest*, 19 avril 2020.

24. N. Wiener, *La Cybernétique*, Paris, Éd. du Seuil, 2014, p. 265-266

25. *Sud-Ouest*, 23 avril 2020

26. *Nature*, 24 avril 2020, www.nature.com/articles/d41586-020-01098-x

27. *The New York Times*, 17 avril et 3 mai 2020.

28. « Les fake news se propagent plus vite et plus facilement que ce virus, et sont aussi dangereuses », T. A. Ghebreyesus, cité dans *The Guardian*, 14 mars 2020.

29. « Je vois que le désinfectant l'élimine en une minute. Une minute ! [...] Nous ne pourrions pas faire quelque chose comme cela ? Une injection à l'intérieur ou une sorte de nettoyage ? Parce que vous voyez il va dans les poumons et il y fait son numéro. Ce serait intéressant d'essayer. Mais vous allez avoir besoin de médecins, non ? [...] Enfin moi ça me semble intéressant », D. Trump, 23 avril 2020.

30. Selon l'étude menée par R. Gopal, www.wbs.ac.uk/news/fake-news-websites-exposed-by-their-supply-chains/

31. B. Zagdoun, Francetvinfo, 11 avril 2020.

32. R. Descartes, *Le Discours de la méthode*, dans *Œuvres*, Paris, Vrin, 1996 (noté AT) VI, p. 11.

33. *Ibid.*, p. 22-23.

34. *Ibid.*, p. 25.

35. *Ibid.*, p. 31.

36. R. Descartes, *Méditations*, AT, IX-1, p. 18.

37. *Ibid.*, p. 20.

38. « Tout en ayant confiné ma famille, je ne réussissais pas à imposer à ma curiosité insatisfaite de rester chez moi. En général, je rentrai à la maison plein de peur et d'effroi, mais je ne pouvais pas m'empêcher de sortir », D. Defoe, *A Journal of The Plague Year*, New York, Barnes and Noble, 2004, p. 80.

39. *Ibid.*, p. 90.

40. R. Descartes, *Méditations*, AT, IX-1, p. 25.

41. R. Descartes, *La Dioptrique* (1637), discours premier, AT VI p. 83-84.

42. « Ne vois-tu pas [...] que nous sommes train de mourir et que la seule chose qui vit ici-bas est la Machine ? Nous avons créé la Machine pour qu'elle accomplisse notre volonté, mais elle ne nous obéit plus. Elle nous a volé notre sens de l'espace et notre sens du toucher. Elle a brouillé toutes les relations humaines et réduit l'amour à un acte charnel », E. M. Forster, « The Machine Stops », *The Eternal Moment and Other Stories*, Londres, Sigwick, 1928.

43. *Ibid.*

44. « L'idée serait que la plupart des gens passent leur vie dans d'étroites boîtes d'acier. Les quatre murs seraient des écrans de télévision, images stéréoscopiques bien sûr. Les gens pourraient transférer leur présence dans n'importe quelle autre cellule simplement en composant un numéro. Ils pourraient de la même façon convoquer dans leur chambre un groupe d'amis. Écoute – il se tourna brusquement comme par défi – aujourd'hui, tu dois déjà t'excuser quand tu touches quelqu'un. Si tu leur reproduis chez eux leurs voisins, pourquoi iraient-ils les voir dans la maison d'à côté ? Leur boîte sera leur château », « Wiener's Whodunit », dans *Giorgio de Santillana's Papers*, Massachusetts Institute of Technology, Distinctive Collections, Cambridge, Massachusetts.

45. « Appelons-le [...] Appelons-le un espace vital. Et c'est bien ce que c'est. Un espace dans lequel un Allemand pouvait se sentir à l'aise. [...] L'extérieur était rempli de Russes sales, de Français obscènes et de races malfaisantes. C'est juste l'espace qui convient à l'homme moyen – la liberté totale. Vous allez à votre bureau – mais vous n'êtes pas obligé d'y aller. Vous le projetez autour de vous, avec les gens qui s'y trouvent en trois dimensions.

Vous y travaillez par télécommande. [...] Pour lire, vous composez un numéro, le livre apparaît à l'écran. Vous commandez sur le catalogue de la bibliothèque le journal, les films que vous voulez voir. N'importe quoi et n'importe qui », *ibid.*

46. N. Wiener, *The Human Use of Human Beings*, Boston, Houghton Mifflin, 1950, p. 185.

47. P. Augier, entretien sur FranceInfo, 14 mai 2020.

48. M. Foucault, *Surveiller et punir*, Paris, Gallimard, 1975, p. 200

49. « Si tu fais pas des trucs, 'y a pas de trucs... ouais... », E. Musk, « Elon Musk Shares his Thoughts on the Coronavirus Crisis », interview, 8 mai 2020, www.youtube.com/watch?v=xR4j3WttbdU

50. G. Agamben, « Éclaircissements », *Nouvel Obs*, 27 avril 2020.

51. Je reprends le terme utilisé par G. Aïdan dans *Le Fait psychique, objet des normes juridiques*, thèse Paris I, 2012, à paraître CNRS-éditions.

52. Préambule à la Constitution de l'Organisation Mondiale de la Santé, cité dans *ibid.*

53. « États-Unis : deux morts du Covid-19 parmi cinquante-deux personnes contaminées au sein d'une chorale », *Le Monde*, 18 mai 2020.

54. « Dans le futur, nous espérons que StudentLife aidera les étudiants à booster leurs performances tout en menant une vie équilibrée sur le campus. On pourrait qu'imaginer qu'une app comme StudentLife donne un feedback en temps réel sur la sécurité du campus, ou avertisse les étudiants à risques ou réponde à des questions comme "Quel est le degré de stress sur le campus en ce moment ?" », www.studentlife.cs.dartmouth.edu

55. C. Baudelaire « Spleen – LXXVIII », *Les Fleurs du mal.*

Table des matières

Imprimé en France

Composition : Soft Office

N° d'imprimeur : 009323
Achevé d'imprimer par Laballery en septembre 2020
Dépôt légal : octobre 2020